Couverture inférieure manquante

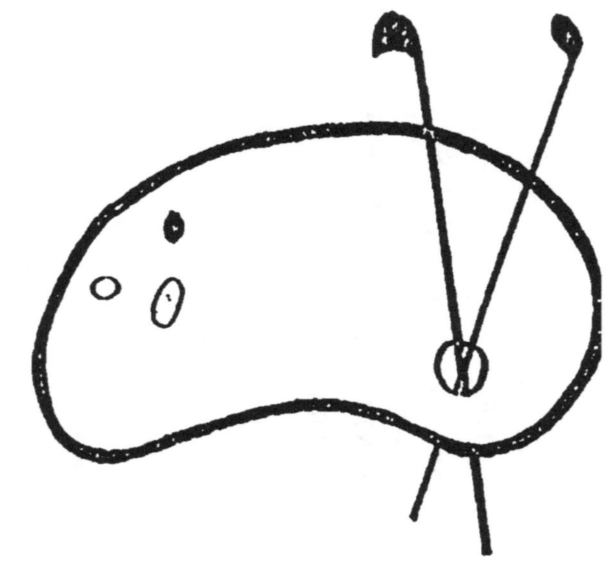

Dr Hipp. BARADUC

Mes Morts

leurs manifestations
leurs influences
leurs télépathies

Vita mutatur, non tollitur.

La vie est changée, pas ôtée.

PARIS
LIBRAIRIE DES SCIENCES PSYCHIQUES
Paul LEYMARIE, Éditeur
42, RUE SAINT-JACQUES, 42
1908

MES MORTS

ET

LEURS MANIFESTATIONS

En 75 jours j'ai perdu mon fils, ma femme, mon ami.

Vita mutatur non tollitur.
La vie est changée, pas ôtée.

TRAVAUX DU MÊME AUTEUR

Sur le Système nerveux

Essai sur le traitement de l'attaque d'hémorragie cérébrale (1876).

Traitement des maladies de la moelle par les ventouses vésicantes (d'après le Dr Baraduc père), lu au Congrès international de Copenhague (1886).

Traitement de l'hystérie majeure par la disparition progressive des zones hystérogènes.

Aimantation dans l'hémichorée, armature cranienne.

Dynamismes électrique et dosimétrique accumulés.

Douche cérébro-statique dans les céphalopathies (époques diverses).

Sur l'Estomac

Lavage électrique dans la dilatation stomacale (1889).

Faradisation sèche intra-stomacale.

Galvanisation stomacale dans les dyspepsies anachlorhydriques.

Douche chaude statique stomacale dans l'atonie gastrique et la neurasthénie (époques diverses).

Sur la Gynécologie générale

Double prolapsus ovarien, compression ovarienne intravaginale, phénomènes d'ovulation tangible (1882).

Traitement de la métrite interne par la galvano-caustique intra-utérine (1883).

Traitement électrique des tumeurs fibreuses et interstitielles par le drainage lympho-galvanique.

Traitement de l'épanchement du synovie chronique par la galvano puncture du genou.

Précis des méthodes électrothérapiques spéciales aux affections du système nerveux, de la matrice et de l'estomac (1889).

Sur la Vitalité, la Biologie générale humaine

La Force courbe (pli déposé à l'Institut), 5927.

La Force vitale, notre corps fluidique, sa formule biométrique.

La Biométrie appliquée à l'électrothérapie (1889).

Différence graphique des fluides électriques, vital, psychique (1895).

L'Iconographie de la force vitale en anses et en tourbillons.

L'Ame humaine, ses mouvements, ses lumières et l'iconographie de l'invisible fluidique (1896).

L'Atmosphère fluidique de l'homme.

Démonstration photographique des tourbillons et anses ellipsoïdales de la force vitale cosmiques du zoéter. (Communications aux Congrès, 1896).

Les Vibrations de la Vitalité humaine. Méthode biométrique appliquée aux sensitifs et névrosés.

La force curatrice à Lourdes.

Mes morts leurs manifestations.

Le Messie cosmogonique : Des puissances de la chair aux splendeurs de l'Esprit par la résurrection (en préparation).

SAINT-AMAND, CHER. — IMPRIMERIE BUSSIÈRE.

MORT
D'ANDRÉ-JOSEPH BARADUC
A 20 ANS

Le 25 Août 1907, durant le Pèlerinage National
à LOURDES

Mort de sa Mère
NADINE BARADUC

Le 15 Octobre 1907, 50 jours après André
à PARIS

L'ABBÉ HENRY B...

Le 30 Octobre, à NEUILLY

PARIS
LIBRAIRIE DES SCIENCES PSYCHIQUES
Paul LEYMARIE, éditeur
42, RUE SAINT-JACQUES, 42

1908

André est mort!! *J'ai perdu mon fils. — Sa mort a été une stupéfaction pour tous ses amis, qui tous veulent savoir comment est parti* l'Ami aimé.

J'ai eu le pieux courage de rapporter, tout simplement, ses derniers instants : J'ai consigné avec précision tout ce qui s'est passé (relativement à sa mort si rapide), dans le monde visible, et dans l'invisible, où notre surprenante télépathie est restée bien explicable par notre communion d'âmes, avant comme après sa mort.

Son trépas restera une véridique leçon de choses tristement vécues pour moi; chaque page est écrite avec des larmes, et donne à méditer.

André est passé *courageusement, sereinement* libéré, *pieusement* rénové. *Voilà le fait.*

Que son rappel puisse servir d'enseignement à qui doute pleure, et veut savoir :

MORT D'ANDRÉ JOSEPH BARADUC

CHAPITRE I

ENFANCE. — ADOLESCENCE. — JEUNESSE D'ANDRÉ

André a été élevé jusqu'à 5 ans à la campagne en plein air, dans les foins et les blés ; il a vécu là avec les petits, les vrais, les simples, les forts, les travailleurs : Sa petite nourrice, une excellente femme, qu'il a toujours aimée et vénérée, l'avait appelé Dédé le mignon. Il avait acquis un fonds solide de ces qualités premières et naturelles, avec une indépendance de caractère réfléchie.

« Papa et sa maman Dietrich, son frère de lait Kekel, ses grandes sœurs, son chien Barbillon, le couvaient. Tous l'aimaient, jusqu'aux fleurs de son jardin qu'il embrassait en les sentant : Je vois encore mon petit coquelicot entrainant Marcel par la main courir au-devant de moi — papa paya. — Plus tard le collège, qui fut une déchirure pour son cœur aimant et attaché à la maison. Il écrivait la nuit un petit roman, son premier et dernier, où l'auto jouait le principal rôle pour revenir.

De son collège, il nous envoyait, entre une dizaine de chapelet, deux baisers qui venaient à l'heure dite, 10 heures du soir, faire un raps à Paris. Nous répondions : « à Dieu mignon. »

Il s'extériorisait tout à fait; plus tard, il se voyait courir, alors que son corps restait comme immobilisé.

A Arcueil, quelle belle première communion et consécration à la Vierge Marie, comme me le rappelait en termes si touchants cet excellent ami le P. Gaffre.

Très pur d'idées, épris d'idéal, il est resté bien solide dans sa foi; et à 15 ans, sans rien dire à personne qu'à moi avec l'émotion de l'acte, il a baptisé un petit enfant en danger de mort qui mourut le lendemain. « J'ai réfléchi, je l'ai fait; j'ai bien fait? *oui*, mon vieux petit homme, tu auras toujours une vieille âme dans ton étroite poitrine d'enfant ». Voici sa lettre de l'an où nous n'avions pu lui faire un cadeau (1).

(1) Cher papa,

« Je ne suis pas comme un autre enfant qui a son jour de l'an, mais

— A partir de 17 ans, la vie pleine des épreuves terribles que nous traversons le met face à face avec la réalité des choses, et lui fait perdre son caractère enjoué ; il réfléchit et pense beaucoup. A 18 ans il est un bon camarade, pédale avec la jeunesse dont il était adoré. Son caractère plaît à tous ; il va voir le monde et en revient dégoûté après avoir brisé sec avec un ami peu moral. « C'est un vertige sans issue qui me dégoûte. »

— Nous avons nos grandes causeries de démonstration expérimentale de la vie et de la survie ; il écoute, comprend, retient.

La préparation au Baccalauréat se ressentait un peu de ses vues élevées ; mais il répétait : je n'en aurai pas besoin ; je ne le crois pas, disait sa mère, qui avait été prévenue : « ne le pousse pas il partira jeune. »

La poésie élevait son âme ; la musique l'enchantait, et il se faisait relire les passages de la résurrection dans mon ouvrage sur le phénomène Christique.

J'étais son Io dans les grands moments d'es-

vous êtes pauvres vous ne pouvez rien me donner. Je le sens bien mais tu peux me donner une chose qui est la plus grande c'est ton *cœur*. Je ne demande pas autre chose que ça.»

Ton fils qui t'aime et qui t'aimera *éternellement*.

A. BARADUC.

prit. Dans l'intimité, grand et petit paya ne faisaient qu'un.

Lorsqu'il portait mes photographies biologiques aux conférences, il parlait fièrement de son père, le Dr Baraduc, dont il était le préparateur de biologie expérimentale photographique. Moi je l'aimai, il me portait dans son cœur et son estime. Jamais je ne pensais le perdre ; je ne pouvais croire, je ne voulais pas.

Entre nous la télépathie était constante ; je le sentais, voyais et pouvais l'inspirer à distance. Il m'apparaissait toujours et s'appuyait sur moi, car au besoin je lui irradiais ma force.

— Sa forme astrale évoquée m'écoutait toujours affectueusement ; alors que l'indépendance de son caractère le poussait à abuser du chant et de la motocyclette qui ont emporté sa faible poitrine. — Son âme m'était si amie qu'après sa désincarnation il était tout naturel qu'elle revînt vers moi ; attendu qu'il se trouvait à même de vérifier les données scientifiques dont il avait été saturé : son âme avait sa vraie place entre le sentiment et la science, dans la piété.

J'avais semé, je pensais qu'il récolterait ; je le voulais à la tête d'un mouvement scientifique spiritualiste. Je comptais sans le bacille qui l'avait envahi, entre un effort de chant et un refroidissement de motocyclette.

Très touché de l'affection que son frère Maurice, Henriette et leurs enfants lui témoignaient, il s'attacha à ses petits neveux, ces chers petits qu'il aimait à morigéner, à consoler, qu'il protège encore de haut.

« Mais, pourquoi cet amaigrissement, cet épuisement de forces, je voudrais, je ne puis plus, j'ai froid » : j'ausculte, hélas ? ?!!! et un matin « j'ai craché du sang cette nuit » : 3 jours après il m'annonce « j'ai été chez Hérisson, j'ai vu mes bacilles : c'est donc vrai, la phtisie, » quelques bâtonnets, pas d'association, des globules ; une cavercule d'où va sortir tout son sang, tout son souffle, sa vie... pauvre petit !

Mais sa mère est si malade ! La mort plane décidément chez nous, pour qui ? *Elle ou lui*... Il mange, se soigne en vain : sa mère, se remet ; lui dépérit.

Il prie, se détache et sépare de tout ses bibelots, ne porte que sa bague à haute devise. Il annonce à ses intimes son départ pour Lourdes sans retour.

A moi il ne dit rien de ses prévisions : Je ne veux pas croire à mes pressentiments. Vous ne me reverrez plus, disait-il à sa belle-sœur. Se sentant fortement atteint par ces poussées d'hémoptisies, s'est-il offert pour que sa mère guérisse ? Il ne dit rien, prend son billet il a renoncé au bord de la mer, qu'il fuit pour les montagnes, pour s'élever dans l'air pur — moi je ne veux pas, je ne puis pas croire ce que je vois ; horreur! A onze heures et demie, un jour, au moment où il s'assied à table, sans contact à distance son verre se brise net, séparant le fond du sommet du vase hérissé de dents frangées. Je crois devoir le prévenir ; j'ai collectionné trois verres spontanément brisés, trois morts s'ensuivant. « Fais attention à toi, mon chéri, c'est grave, pars à l'air. » Tout le monde l'encourage — il achète un crachoir où il y a toujours un peu de rose le matin.

Sa mère va mieux décidément ; entre la carcinose incertaine de la mère et la bacillose de l'enfant trop certaine, il me quitte pour aller à Argelès retrouver son parrain, faire de larges horizons photographiques, en attendant notre rencontre à Lourdes au pèlerinage national — le 15 août.

Nous sommes un peu remontés ; je le mène à la gare d'Orsay, je l'embrasse comme nous savions le faire. L'affection a toujours un bandeau... Le train s'ébranle. « Rappelle-toi Sparte en guise d'adieu, reviens dessus ou dessous », tant je croyais au retour sur le pavois.

Il est revenu endormi pour toujours, dans le bouclier que le petit preux avait été chercher aux pieds de sa Dame Marie.

CHAPITRE II

A ARGELÈS

Le voyage... la fatigue... Il a craché du sang deux fois, en route, au grand effroi de ses voisins.

Il est content ; il retrouve son parrain, cause avec lui, s'ouvre, se montre délicatement affectueux. Le mignon semble renaître durant six jours où il se sent bien.

Un fort orage change tout. Le froid revient. Il a une crise de fièvre. On m'appelle... De sombres prévisions (un gros chêne solide debout et un jeune renversé dans les anneaux d'un gros serpent). La lettre du docteur Descamps est presque désespérée.

André se lève pour aller à ma rencontre. Je le vois sur le quai avec son chapeau mou de motocycliste. Quel bon baiser! L'abbé est heureux ; mais lui plus encore. Les yeux fiévreux sont brillants, il me réembrasse :

« Maintenant, je te tiens, je te garde. Que je suis content, mon paya chéri. »

— Et la santé?...

« Je toussaille, j'ai acheté un thermomètre; ça monte un peu le soir... Je grandis! »

J'ignorais qu'il avait prévenu sa maman et lui avait recommandé son deuil. Il me cachait ses certitudes, comme je lui cachais mes pressentiments.

Nous voilà chez nous : Tout le reste du monde s'efface quand j'entre dans la vaste chambre à deux lits, chez Mme Laborde. Nous y ferons bon ménage. Nos cœurs se resserrent plus intimement. Il est plus à moi que jamais, à moi seul ; et je ne lui ferai pas défaut. Je ressens tout le bonheur d'être le garde-malade du mignon que je viens guérir.

« Tu me sauveras, dis, papa, fait-il, en m'embrassant. » Que c'est bon l'affection et la foi réunies. Nous sommes heureux.

La vie et la mort nous entourent; laquelle des deux l'aura?

Le dégagement fluidique.

L'air ici est trop vif pour André ; les variations de température trop brusques. Le docteur Descamps nous parle de sa propre expérience.

Après le 15 nous irons à Lourdes, puis à Arcachon.

Je commence un traitement intensif : le dégagement révulsif avec la pelle ardente, des fluides morbides accumulés sur son épaule et décelés par la vitrose photographique. Il n'a plus la même odeur spéciale. La nuit, une fièvre violente, qui prend une forme nette, le menace ; je la repousse. Elle laisse Dédé paisible. Le cauchemar est bien fini, évanoui. Le thermomètre tombe à 37°.

Après les heures de fièvre viennent les heures de sang les petites hémoptysies combattues par la glace, les ventouses, l'ergotine.

Mme Hopk apporte un flacon d'eau de Lourdes. Tout le monde prie. Mlle Parg organise une ligue de prières autour de ce jeune homme si résigné, si aimable, « si tentant », comme on dit dans le pays. C'est touchant !...

La double communion.

Le 15 août 1907.

Les prières semblent porter... un léger mieux se produit : demain est l'assomption de la Vierge ; nous communierons côte à côte.

Le matin de la fête, André me dit : « Je ne suis pas prêt, j'ai bu de l'eau de Lourdes cette nuit. » — Je cours chez le doyen à qui j'expose le cas : un malade si gravement atteint, qui voudrait faire un effort, aller à la messe de son parrain, y communier avec son papa pour le 15 août...

André se lève malgré une défaillance. — Arriverai-je à l'habiller? « Je ne puis pas. » Nous prions... C'est fait.

Il marche seul pour franchir les 100 mètres qui nous séparent de l'église : « sans ton bras ». Tout droit il va à la sacristie, revient absous, le pas sûr, l'attitude recueillie. Je le vois ferme, précédant l'abbé dans cette petite chapelle du Sacré-Cœur où deux prie-Dieu solitaires nous attendent. Je lui passe mon chapelet. Il prie en-dedans, sans remuer les lèvres.

A la communion, nos deux joues se touchent presque. Lorsque nos lèvres reçoivent l'Eucharistie, une vague de lys mystiques se détache de l'autel en fleurs de purification et nous inonde. Deux bras sont tendus dans l'invisible et un puissant nœud se dessine. Tandis que l'au-delà me parle par ces images symboliques, je pense toujours à la vie de ce monde ; lui, paraît plongé dans l'autre. Il a pris une résolution... Laquelle?... La Vierge va-t-elle guérir ou reprendre son enfant consacré à sa première communion ?

La lutte et les phénomènes prodigieux.

Le vendredi la journée est meilleure. Il descend à table, cause un peu et remonte s'étendre en face du Viscos; là, je fais sa photographie.

Nous respirons un peu. — La maladie ne nous donne que des répits.

La lutte sera intensive... aux mauvaises heures.

Alors qu'il s'est bien couché, à 10 heures ; je l'embrasse et lui apprends à prier, soit en projetant sa pensée vers le ciel comme une fusée faisant fil conducteur soit en attirant vers lui.

Son sommeil devient oppressé de plus en plus.

A minuit et demi un raps fait tinter le verre et me réveille.

A 3 h. 1/2 il s'éveille en criant : « Paya, le sang ». Il projette dans son crachoir une gorgée spumeuse. « C'est horrible, paya, j'en ai plein l'estomac. » Il rend du sang caillé mêlé de bile. Pauvre petit!... Nous sommes à bout ; nous arrêtons tout, glace, ventouses. — Tous deux nous faisons un appel de foi intense, l'appel d'un rayon de grâce sur son épaule cruente :... Le sang s'arrête net. La petite statue darde des rayons bleu vif sur André. Je reprends confiance. *Nous avons cru* : l'hémoptysie s'est arrêtée.

Il s'endort lorsque j'ai tout remis en ordre, nettoyé le rouge crachoir, essuyé tout pour qu'il oublie. Il dort paisiblement.

Vers 4 h. 1/2 ou 5 heures du matin, je vois mentalement deux têtes ; une surtout, fine et belle, aux yeux d'une infinie bonté et si doux!... Je pense à une figure de Christ : « Paya », demande André en rêvant, « qui touche mon crachoir? il y a deux fils et deux docteurs. » L'enfant sent la présence sans se réveiller. Il fait alors, pendant 1/4 d'heure, une respiration étrange, brassée, haletante, très rapide, presque aboyante. Une crise curatrice se prépare ; il se passe quelque chose ; j'observe et attends la fin de cette médication étrange... puis.

Une respiration se produit douce, lente, profonde : André respire comme s'il n'avait jamais été malade. C'est la cure qui se produit : je pleure de joie... Il repose, les mains jointes, au-dessous de l'image du Sacré-Cœur.

A l'angelus, le sceau ogivale de la Vierge apparaît. Le voyage à Lourdes sera possible. Qu'en résultera-t-il? Il y pourra ou guérir, ou mourir ; mais il ne dit rien. *Il sait. Il se tait.* Je devine sa pensée. Il a un courage supérieur, *la sérénité.*

Dans la matinée, j'écoute quelques râles en avant. En arrière, les phénomènes cavitaires se sont rétrécis depuis la crise de resserrement expiratoire, anhélante.

Quelque chose de bon est intervenu. La plaie semble vouloir se refermer ; en tout cas elle se rétrécit. Je veux vérifier : durant la journée, je mets une vitrose photographique (1) pour constater le résultat et comparer ce qui a précédé et ce qui suit la

(1) Pellicule photographique sur mica mise dans une pochette noire, selon ma méthode de radio-photographie des vibrations de nos organes qui ont un pouvoir photo-chimique donnant une empreinte spéciale.

crise. J'en mets une seconde la nuit : Je trouve, à la place des empreintes d'ulcération, une main avec les doigts écartés. La plaie intérieure est sous la paume de la main ; va-t-il guérir sous la main curatrice, ou vient-elle le prendre ?

Il y a là quelque chose de prodigieux et de scientifique à la fois, puisque enregistrable.

Lourdes est notre dernier espoir tacite ; nous y allons en auto.

CHAPITRE III

A LOURDES

L'hôtel de la grotte.

Edouard nous mène à une demi-allure. André quitte sa place pour mieux observer la marche ; cette route si jolie et si mouvementée, en verdoyants lacets, forme de brusques tournants « chic chauffeur. »

Arrivé à la chambre du rez-de-chaussée retenue par une bonté amie, à la vue de ces arbres, du panorama, de la basilique au fond, il s'écrie : « Vivre là est bon. Quelle vue ! » Il la prend de suite.

Nous allons à la basilique directement. En y entrant, une grande croix marron hersée extérieurement de flèches d'or m'apparaît.

M. l'abbé ne voit que des croix.

Mme X. monte au calvaire ; elle en revient en larmes : des croix, des croix dans le ciel.

Le soir, des arbres, une voix semble me crier : « va-t'en ». Je reste. —

Nous croyons tous à la cure. André seul sait ; « guérir ou mourir » : « Maintenant plus de médecine », me dit-il net, « la Vierge seule suffit », pour quoi ?...

Première procession.

Mardi.

Il consent à aller en petite voiture : Mlle E. remporte cette victoire.

L'abbé H. retient ; lui, tient la barre et a son bidon : pauvre petit silencieux, il accepte tout devant le dilemme posé. —

Nous voilà alignés, dans le recueillement qui précède la procession. Nous portons des plaques photographiques sur nous.

Le bon abbé Morère vient lui serrer la main : Il ne parle pas, prend son chapelet et repousse la pellicule que je veux mettre sur son genou : « Non », me dit-il, « pas d'expérience, je ne veux pas ».

Le Saint-Sacrement approche ; personne ne se lève sur son passage. On est anxieux, mais glacé. Il n'y a pas ce frémissement de la prière qui semble forcer le choc d'en haut. — Le voilà !... Je vais tenter le Ciel. Je m'élance et crie à l'évêque coadjuteur de Montauban : « Pour mon fils ». J'objurgue le Christ comme autrefois on le faisait sur le passage du Sauveur et de toutes les forces de mon âme je clame : « Seigneur, guérissez mon fils ». Un frisson me secoue, je frémis, je suis pâle ; tout vibre autour de l'Hostie et autour de nous. On pleure... Monseigneur lève encore une fois l'ostensoir et passe...

André me dit : « Merci ; je respire mieux ; je suis bien. Je guérirai à petits coups. »

La foi nous ramène ; nous communierons tous jeudi.

André boit son eau à petites gorgées en priant intérieurement. Nous repartons en automobile. Mlle E. et l'abbé en profitent pour brancarder des malades. Ils ne rentrent que tard, après avoir voituré une vieille et deux infirmes.

On se sent mieux. Le directeur du grand séminaire et le Supérieur de N.-D. des Sept-Douleurs viennent causer.

J. Lavenu développe les plaques qui ont enregistré

le frémissement de l'être entier : une colonne, une forme à grands yeux occupe le centre ; nous retrouvons la rosée des forces globulaires de l'an passé, de plus les liens de forces à la fontaine que nous ignorions : en tout 40 vitroses photographiques réussies en 1908 nous en ferons cent.

LA COMMUNION DU MERCREDI.

La seconde procession.

Nous communions tous à la messe du parrain d'André.

A la chapelle de Bernadette, nous sommes réunis à neuf heures. L'abbé H. sert comme un ange la messe qu'Henry dit pour son filleul. Ses deux sœurs, Mme X., Mlle E. André et moi sommes rangés à la balustrade, en ordre devant la nappe blanche.

André reste longtemps après l'Eucharistie reçue : Une belle petite étoile descend sur sa tête. Je commence à craindre qu'on ne vienne le prendre, qu'il ne soit rappelé son étoile vient au devant de lui.

On rentre heureux. Lui, s'informe des heures de la piscine ; il accepte tout. —

L'après-midi, à la procession, la chaleur plombe. Les cantiques ne s'accordent pas. Le grand évocateur, adjurateur au cri vif qui porte, est remplacé par d'autres voix. Le Saint-Sacrement s'avance... Toujours rien. L'atmosphère n'est pas aux miracles ; on le sent. Les miracles nombreux sont ailleurs... nous ne sommes pas sur leur passage comme en 1906.

André rentre triste. — L'abbé part ; ses sœurs retournent à Paris. Mme X. va à Arcachon. Vendredi, notre cohorte de prières sera dispersée : « Je reste seul avec paya. » — Nous faisons quelques envois. Les mouchoirs sont légèrement rosés.

CHAPITRE IV

LA DERNIÈRE HÉMOPTYSIE

A dix heures, il rêve, il s'écrie : « Paya, le Saint-Sacrement vient à moi. Il e pose sur mon lit (oh non). »

C'est à 3 heures 1/2 que j'entends à nouveau : « Paya, le sang ». Il tousse, crache... Le bouillonnement rouge monte et déborde le crachoir... Vite, la glace dans la vessie; l'ergotine Yvon. A pleines dents, il croque la glace. Il boit au bidon qu'il n'a consenti à faire remplir que par une main sûre. La mousse vivante passe, rougissant tout comme une lave. A quatre heures, j'ai tout remis en place. J'ai fait la petite toilette ; mais le drap est — maculé ; nous ne pouvons plus rien cacher. Alors, — le dévouement de l'hôtel de la Grotte se met en mouvement en face de la sanglante vérité.

Nous devons partir demain matin. Le samedi, il accuse une telle faiblesse, que je crains. Je lui fais prendre des œufs crus. Il me prie d'attendre ici un peu de mieux; il s'entoure de ses petits objets de piété : son Christ sanglant, ma croix, mon chapelet qui s'est brisé dans ses doigts. De notre chambre, nous suivons les messes, les processions. Le soir, l'air nous arrive tout chargé de prières et d'*Ave Maria*. A 9 heures, l'incendie du clocher ; le *Credo* monte entre les feux verts et blancs teintés d'éclats rouge vif. Nous attendons dans l'appréhension du dilemme en marche dans l'angoisse vers nous.

La nuit d'agonie.

« Je ne puis dormir. Je suis agité. Pourquoi, paya? Je ne crache plus. Je me sens oppressé. » Il fait un effort pour soulever son thorax gauche.

A 2 heures, des petit frissons .. Ce sont les heures fatales : les traverserons-nous ?

A 3 heures, il boit à petites gorgées au bidon, en priant : « Evente-moi ; cela me fait du bien. » Je redouble, car je me sens moi-même envahi par un souffle noir, froid, glacé qui nous entoure comme un linceul; l'air agité dissipe ces vibrations pénibles.

A 4 heures, nous assistons, en pensée, aux messes nocturnes de la basilique, dont les petites lueurs viennent jusqu'à nous à travers les arbres mats : *il est en eau*... Il est froid, glacé, ça sent la mort... Je mets des ventouses qui calment son oppression. Deux grands ovales de lumière jaune viennent nous aider ou le chercher. Il s'assoupit un instant.

A 5 heures, il repose un peu. Les oiseaux s'éveillent avec le nouveau soleil. L'aurore souffle légèrement dans les branches. Les vitraux de la basilique brûlent toujours : les hosties s'élèvent aux premiers rayons dorés. L'air est léger. André est glacé, mais en paix, si calme : La fin va venir. Je le réchauffe de mes baisers. Il veut dormir, je le tiens éveillé, je crains le dernier sommeil à 6 heures du matin. Je le porte dans mon lit sec. Il est glacé, mais ne transpire pas. Il est résigné ce n'est pas la cure qui vient : « Maintenant, fais tout ce que tu voudras »; et il m'embrasse : je le couvre de vinaigre et d'eau de Cologne tandis qu'on m'apporte des fers chauds; devant la mort montant au cœur de tous côtés. J'applique en dernière ressource sur l'épigastre la pelle ardente qui fait pousser un rugissement douloureux et provoque une réaction douce se traduisant par un merci plein de profonde et tendre reconnaissance.

La mort à 9 heures 1/4

le jour du Cœur Immaculé de Marie

Mais rien n'y fait... Je prie d'aller chercher le docteur Vignes. Après deux piqûres d'éther insensibles, on va tenter la caféine.

Par tout le corps, le froid visqueux ! Le cœur a des intermittences, des arrêts. Le pouls s'efface. Les derniers instants s'approchent, fatals... LA MORT est là.

« Envoie une dépêche pour la transfusion » : à 8 heures, il pense à son idée une minute. « Mets-moi debout, paya... Je me tiens, tu vois. » Pauvre petit brave !

Il retombe. « Je ne peux plus. » Deux larmes, et il répète : « ma... maman... » Son menton est de glace ; ses lèvres froides. Je tâche de réchauffer son cœur, qui s'en va, de mon plus puissant souffle... L'angle de son œil droit tombe. Je colle ma bouche sur sa bouche et pousse ma vie contre la sienne qui veut s'échapper... *il se meurt* !!!

Alors, posément, il me dit en forme d'adieu : « Mon paya, je t'ai toujours bien aimé» . Ce sont ses dernières paroles... Ses pupilles sont encore resserrées. Je l'appelle : « André ! André ! »... Il me répond par trois cris : le premier, du cœur, doux, tendre et fort ; un autre plus aigu et vibrant, du larynx ; puis, sa bouche s'ouvre démesurément et projette un : « O » soutenu, qui monte en entraînant son être... ses pupilles sont dilatées... IL EST MORT !! en poussant les trois verbes du passage que j'avais répétés à sa mère si malade— sans pouvoir toutefois prononcer de sa langue figée ; il a redit les mot de passe : *Confiance, Jésus, Lumière...* C'est fini ! pour toujours, *il est mort* ! ! !

Au dehors, le quart sonne ; à la basilique, la grand'messe du Cœur Immaculé de Marie commence. L'âme d'André se réfugie à la grotte, où il m'apparaitra en premier communiant à côté de la statue, grand dans ma douleur, je cours prier.

Première apparition d'André.

6 heures après.

En allant chercher Cazenave pour faire la photographie de l'enfant sur son lit de mort, André m'apparaît : il me supplie de ne pas le laisser à Lourdes, où l'on voulait le garder pieusement.

Je le contemple surpris : il est semblable à un Carrière avec des teintes beaucoup plus vives, claires et diaphanes. On le dirait fait d'un treillis transparent nettement coloré. Il est en costume habituel ; je vois à travers ; ses yeux ne sont pas ouverts.

— « *Tu le veux*, positivement ? »

— « Oui », répondit-il, de ses yeux un peu endormis, comme au réveil du corps et de la projection d'une pensée formelle.

— « Je te ramènerai à Paris ».

Sa sensitivité s'impressionna sans doute, car sa face, de mate, devint rouge rose ; ses yeux s'ouvrent grands — et son apparition, en disparaissant, m'inonda de joie intense, d'une influence de bonheur, celle qu'il avait éprouvée lui-même.

En rentrant dans la chambre, on le photographie. Je crois entendre faiblement : « Merci, paya chéri » ;

En souvenir, je prends avec mon kodak le panorama vu de la chambre du petit mort qui se manifeste en forme sidérale sur la pellicule ultérieurement développée à Paris : il est 5 heures dimanche soir, le soleil est radieux.

Le lit de mort.

Les religieuses l'ont paré. Il repose, le chéri, le mignon, dans sa chemise rose et blanc, avec, au cou, sa dernière cravate violette épinglée de ma croix de docteur à Lourdes; la Vierge à ceinture bleue dans les doigts, un rosaire en verre azur autour de la poitrine. Il emporte dans la tombe le collier d'ambre avec le Sacré-Cœur et la Main Christique. La sœur me dit : « Regardez, il sourit ». C'est vrai : sa figure si calme et si sereine subit un jeu de vibrations extra-cutanées hallucinant. Instinctivement je lui parle : « Que va dire Nénêne en apprenant ? » Un rictus léger ombre ses lèvres... C'est fréquent, me disent l'abbé et les religieuses. J'embrasse sa tête froide qui semble me sourire mais devient raide. Elle perd un peu sa pâleur de marbre. J'écoute son cœur. Le cœur est mat, froid, glacé ; le moteur en est parti. C'est une sensation bien spéciale que le contact de la chair froide par ma chair chaude : je voudrais encore le ressentir.

Les cierges brûlent. Les prières s'égrènent. Les visites arrivent. Les dépêches s'expédient.

Monseigneur, à l'issue de la procession, vient m'embrasser affectueusement, et prie devant cette figure endormie dans la paix du Seigneur.

Le Dr Boissarie me fait peine de ma peine : quel brave cœur !... puis, Dr Cox, puis, Dr Vignes... à tous, merci !... encore merci !

Les fleurs commencent à arriver.

Mme Vog. prévoit tout.

La nuit se passe. Il sourit par moments et rappelle l'effet de cette image du Christ qui ouvre et ferme les yeux. Mais en face de la réalité d'une apparition, c'est de l'illusion décevante que cette image.

Nous récitons le *Credo* aux flambeaux, à la lueur de la basilique qui s'illumine en un embrasement féerique. Tandis que les sœurs récitent les prières des morts ; l'abbé regarde le ciel qui l'attend aussi.

La Bière.

Tout s'éteint peu à peu... Restent seuls les deux cierges : je puis le garder toute la nuit.

Ce sera pour 4 heures, la mise en bière dans son dernier berceau bas, capitonné de blanc où l'oreiller invite au sommeil sans fin.

M. Hilaire, le doux géant, me dit : « Laissez-moi faire. » Il prend délicatement, du bout des doigts, le pauvre petit, comme un oiseau mort ; il le dépose d'un mouvement rapide sur sa dernière couche. Je me précipite pour découvrir sa face ; sa tête reparaît ; ce sont les derniers adieux... Le fer rougit. Le plomb va sceller. — J'écarte le linceul... il apparaît tout nimbé de blanc comme dans de la ouate, beau de sa dernière beauté : Je l'embrasse ardemment une dernière fois, pour moi, pour sa maman, pour ses amis : « qu'aucune ombre ne soit entre nous ». Je referme le linceul : *jamais* je ne le reverrai, JAMAIS... il est perdu pour toujours : Les vis, le cachet préfectoral scellent notre séparation sur terre ; mais il m'est déjà apparu dans l'espace.

Dans le fourgon je dispose des fleurs pour qu'il ne soit pas seul. Je prie sur sa dépouille. Tandis que le fourgon attend le train je prends un verre de madère, et suis encore à la scène de cette nuit. André marche à grands pas sur le quai, il me montre ses nouvelles conditions : heureux de sa libération.

« Moi je suis en air. Toi, tu bois ; tu es de chair... Je suis content : tu as tenu ta promesse. »

— « Et Nénêne, à Paris ? »

— « Elle ne sait rien encore. »

— « Comment! nous sommes lundi, à 7 heures du matin! » pauvre maman!

C'était vrai, Maurice en deuil lui révélait à 10 heures la mort d'André qui, aérien, se considère lui-même dans ses nouvelles fonctions et me renseigne. Durant le voyage j'ai le plaisir de rencontrer le baron de H. et M. Car. qui ont envoyé la première croix. Nous voyageons ensemble jusqu'à Bordeaux. A La Mothe, Mme X. et Mlle E. apportent une botte de lys roses et de renoncules blanches. Je les mets au courant des apparitions de Dédé en aérosome : Voici mes observations ; André m'a montré ses conditions nouvelles : sa facilité à se mouvoir ; il faisait de grandes enjambées *au-dessus* du trottoir de la gare ; il était transparent je voyais à travers lui les rails les wagons : il était diaphane et ne laissait pas d'ombre derrière lui ; il apparaît brusquement et disparaît en laissant son influence, qui, malgré ma peine, fait fondre ma tristesse.

Je me sens content en sa présence, sa pensée me parle, je sens son impression ; son âme me télépathise son influence bienfaisante.

J'éprouve la puissance de cette force d'influence qui transforme ma vibration.

Quelle mystérieuse puissance ?!?! sa volonté réalise, transporte, dissout sa forme fluidique qui radie ou influence à sa guise... pauvre est la chair en comparaison de cette possibilité d'être volontairement en corps solide, corps aérien, corps lumineux : matière, air, feu.

CHAPITRE V

LA ROUTE

Quels longs rubans de rails de Lourdes à Paris... surtout en omnibus, par trains de sections séparés par des arrêts de 3 à 4 heures, à côté de mon précieux fourgon.

Car nous voyageons de pair.

Nous nous sommes arrêtés à plus de cent stations.

Le changement à Bordeaux, pour la Bastide, a été pénible, au milieu de cette gare encombrée par l'exposition.

Je dors quatre heures, sur le sofa de la salle d'attente, vis-à-vis du fourgon qui stationne sur le quai.

Le lendemain, avant Blois, quelle joie ! Dédé arrive à la portière, « il va plus vite que le train ».

Sa forme me paraît plus dense, les cheveux sont

au vent, il est toujours gai, « rien n'est prêt à Paris, inutile de raccorder à un express ». Je pense continuer alors en rapide et laisser le fourgon suivre : André me prie : « reste, paya. » Je suis heureux de lui faire plaisir et songe aux liens mystérieux qui existent encore entre mon fils trépassé, son cercueil et moi.

Aux Aubrais, le pauvre petit corps fera toute la manœuvre avec la petite machine de la gare toujours en mouvement. Il m'apparait les yeux fermés, puis c'est fini des visions en route. Nous n'arrivons à Austerlitz qu'à 9 heures, mardi soir ; nous étions partis de Lourdes lundi à 7 heures du matin. On nous reçoit sur le quai. Une petite prière en commun avant de se quitter — la prière du soir, en pleine gare, sur le trottoir. Demain, il dormira chez moi, chez lui.

Au 191 rue St-Honoré.

Sous les fleurs dans les prières, avec les éclairs.

Enfin, mignon repose dans ce cabinet où il venait d'habitude me dire sa faiblesse (je voudrais, je ne puis pas), dans le fauteuil de son grand-père ; il est sous les fleurs, au milieu des prières, dans les parfums, avec mes Christs qui l'environnent de leurs douces et pieuses radiances.

Les lettres arrivent... ces fleurs du cœur, timbrées de Londres, Paris, Lourdes, Cologne, etc., etc., toutes versent sur lui affection, prières, espérances...

Je suis heureux de le garder : je voudrais deux jours : ce n'est pas possible, quelques indices se manifestent, légers, mais certains.

Mercredi, à 8 heures du soir, nous faisons une curieuse photographie du cercueil. On y voit la dispersion des fluides de l'enveloppe, qui se jettent frappant toute chair vivante, nous sommes après le 3° jour (80 heures).

Mme J. est presque foudroyée au front entre les yeux, au point qu'elle reste durant trois jours au lit. L'abbé H. aux reins, Lav. au creux de l'estomac, rend, est malade. Les ondes du corps du désir, le vêtement fluidique s'écarte du corps altéré du pauvre André et cherchent violemment un nouvel appui charnel plus vivant ; — mais son âme, elle, est passée ; il est libéré ; de lui nous n'avons que le terrestre. A minuit l'orage illumine la cour d'éclairs bleus et jaunes. Le grand cierge de la grotte de Lourdes brûle solitaire, éclairant le catafalque dans le calme, le silence de la nuit noire. Le surlendemain je reçois un choc, un vortex m'ébranle du pied gauche à la nuque avec vertige.

L'esprit d'André n'est pas là — et ne doit pas y être — tant que durera la dispersion fluidique.

Le corps

A Saint-Roch.

A la chapelle du Sacré-Cœur où nous venions prier ensemble.

Une simple petite messe sans chantres ; 6 cierges ; quelques fleurs ; des amis.

Nadine a pu venir : c'est une ombre noire pliée en deux. Elle a quitté son lit de douleur. La pauvre mère qui devait partir la première s'est levée pour aller à la messe de son fils : il lui avait dit avant son départ : « maman, tu porteras bien mon deuil, je te le demande. » L'ombre maternelle en noire s'éloigne en répétant : « O mon André, mon fils est mort ; je vis, et je ne l'ai pas revu ! » Après l'absoute, avant l'enlèvement, je regarde la main levée du Christ qui m'a soutenu, inspiré ; elle radie une gerbe de fluides dorés sur le cercueil avant de partir, c'est la dernière bénédiction venue d'en haut pour toujours. Le manteau semble s'ouvrir. Le cœur étincelle et porte une double couronne d'épines foncées — triste présage !

Nous quittons l'autel de la main curatrice ; seul continue à brûler un grand cierge qui se renouvelle tous les cinq jours.

Ainsi, aux pieds du Divin maître, continue à se faire la fusion de notre triple prière. Tous les jours je revois mon paya ; il est rénové et ne m'apparaît plus que comme à la grotte ; son cierge de premier communiant à la main projette une infinité d'éclats. Il est redevenu comme un enfant, à l'âge de sa consécration à la Vierge Marie.

C'est pourquoi à Saint-Roch le grand cierge continue à brûler...

Le corps

Au Père Lachaise.

Quelques amis ont suivi les chevaux blancs. — Deux amitiés sacerdotales simultanément récitent les prières, pendant que le cercueil repose sur le bord de la fosse béante de notre caveau.

On corde...

Avant de descendre tout droit, rejoindre son grand-père et plus bas sa grand'mère :

Un dernier baiser sur la plaque qui porte

ANDRÉ JOSEPH BARADUC
mort à Lourdes
à 20 ans
de super semper
(d'en haut toujours)

Un choc mat...

Il a pris contact avec les cercueils de ses grands-parents, il va reposer avec eux... Encore un baiser mis dans le cœur d'une blanche marguerite qui s'engouffre jusqu'à mes trois corps aimés réunis dans la Terre : *pulvis in pulverem.*

CHAPITRE VI

LA GRANDE LEÇON DE LA MORT PIEUSE

L'âme spirituelle. — Son influence.

L'existence, quelle complexité... pleine de contrastes ! La mort... quelle simplicité, et quelle grandiose leçon ?

Le phénomène naturel continue surnaturellement après la dissociation du bloc humain. Le 8 de force, l'âme vitale brisée en deux, laissant ici-bas le corps terrestre avec les fluides du désir de la Chair, principes mortels voués à la décomposition dans le sol et l'eau. Tandis que les principes immortels de l'autre vie, la volonté, l'amour et la lumière ont conquis leur libération dans l'espace et leur rénovation dans le temps : André aimé, jamais en toi les deux principes ne se ressoudront : Les uns sont morts dissous, les autres ont gagné la *survie constante : quia pius;* ton être, qui n'a plus de nom terrestre, a gagné le repos éternel parce que tu as été, es et seras pieux. Tout gît dans le passage, la libération, la rénovation, qu'il faut effectuer dans la voie de vérité vers la Vie.

Le passage la rénovation.

Après la brûlure au creux de l'estomac, avec la pelle ardente, les trois cris du passage, *Confiance, Jésus, Lumière...* Le passage : *après* ? voilà la télépathique dépêche.

« La vive souffrance me fut du plus grand secours, elle m'aida à gagner la liberté de mon être », (séparant les forces d'en haut et d'en bas).

Quant au passage, le dégagement hors de la chair : « peu d'angoisse, quelque regret ; puis la liberté dans l'espace », que son double accusait si nettement dans ses apparitions : pour lui, pas de coque, d'enveloppement par les fluides inférieurs ; puis sa rénovation commence de suite ; à la grotte il redevient plus jeune, renaît comme un enfant de l'au-delà à la vie nouvelle ; il revient à l'âge de sa première communion à Arcueil; sa vision me rappelle la parole « En vérité, si vous ne renaissez, vous n'entrerez dans le royaume de mon Père. » Il est en costume, son cierge à la main, projetant des milliers d'éclat, brassard au bras. C'est sa manifestation préférée, à la grotte, près de la statue de la Vierge à qui il était consacré.

Que va-t-il devenir? La télépathie continue...

« Mon papa, paya, je suis heureux de revenir, je vais réparer toutes mes erreurs. Je dois agir, inspirer, consoler, soutenir ceux qui ont des oreilles pour ne pas entendre (il n'avait pas lui-même toujours voulu écouter, est-ce là une des réparations)? Je serai avec toi travaillant à votre œuvre. Je vous aime, je suis très heureux... Ne te forges pas des idées fausses, je suis très heureux. »

André *trépassé* m'a pris de telle sorte, que je le sens *réellement* présent, que la notion de sa mort m'est dure mais me touche par le haut de mon âme! Il habite un autre endroit; c'est une distanciation et non une séparation entre nous; je le sens fluidiquement par influence si pleinement, qu'il faut des contingences physiques d'effets, de choses lui ayant appartenu, pour raviver la cruelle déchirure qui met les larmes aux yeux du corps : son influence m'est bienfaisante. Le fils remonté aide le père resté; nous ne pouvons que bénir le ciel puisqu'André a réalisé sa devise *de super semper*, d'en haut toujours dans la lumière et la joie du Seigneur. C'est pourquoi il est heureux... c'est nous les malheureux pauvres humains, nous pleurons encore le bel enfant disparu : *c'était notre chair.*

Le dimanche anniversaire.

C'est aujourd'hui le 21 septembre 1907, il y a un mois presque, paya allait être rappelé à Lourdes.

Après ma visite au Père Lachaise avec sa nourrice, en descendant, mon paya m'est apparu après trois jours d'obscurité complète pour moi et pour sa mère presque agonisante. Je l'ai revu. Il est monté dans une lumière en adoration devant un rutilant ostensoir entourant la pâle blancheur de l'Hostie-Christ.

L'éclat de son petit cierge disparait, dans l'intensité lumineuse. Tout est lumière, adoration, paix autour du mignon rénové à la lumière du monde. Il y entre, je l'ai vu, je le sais, *adoremus in æternum*. Qu'il soit à jamais séparé de toute contingence terrestre. Je suis complètement heureux. La mère Lacroix à Lourdes a bien prié pour Dédé, le rappelé, André le rénové, l'Elu de Marie, le jour *de son Cœur Immaculé*, 25 octobre 1907.

Futures espérances.

O André, fils de mon amour profondément éclos, aimable synthèse désormais à jamais brisée de principes mortels détruits et de principes immortels heureux et plus vivants, plus influençants que jamais... Ton Père d'ici-bas ne peut que se souvenir, regretter et répéter tes dernières paroles dans ce monde : « paya, je t'ai toujours beaucoup aimé ». Moi, je sens qu'à mesure de ta montée tu m'aimes plus et mieux.

Après ma dissociation personnelle, comme jadis aux heures d'intimes causeries sur l'au-delà, tu m'appelais *ton Io* (vestiges d'un passé commun ou préparation d'un prochain à venir), Io chéri, je t'évoquerai a mon tour dans l'espace, pour nous réunir dans la gloire de celui qui est à la fois l'α et l'ω. Le VERBE CHRIST JÉSUS où nous ne ferons qu'un pour toujours.

CHAPITRE VII

LA MORT DE NADINE

SEUL... ET AVEC EUX

La brochure d'André n'était pas terminée, que j'ai été obligé d'y ajouter un nouveau chapitre ; devant un autre coup de la mort : Après le fils, la mère... Nadine est passée à son tour, me laissant *seul* en face de ma voie en ce monde.

Le présage des deux couronnes d'épines à Saint-Roch s'est réalisé. Cinquante jours après André, Nadine a quitté sa chair si amaigrie par huit mois de souffrance physique et par la souffrance morale qu'elle endurait depuis la mort de son fils. Elle ne l'avait pas revu ; elle l'appelait sans cesse : « O mon André ! mon mignon ! »

Vers la fin, comme une pauvre hirondelle mortellement atteinte, elle protestait encore contre notre séparation : Le grand voyage aux confins inconnus. — J'entends encore son petit cri répétant : « Oh, non! oh, non!... » Je vois son bras écarter, repousser, et sa main décharnée se cramponner à la mienne, tandis qu'elle se tassait sur mon épaule : « Oh non ! oh non! je n'ai pas peur de mourir, j'ai peur de te quitter : » Pauvre petite aimante et aimée ; sa dernière réception de l'eucharistie qui, pour elle, durant sa maladie, cinq fois fut une médication souveraine, lui donne la paix, la résignation morale ; elle accepte la séparation : « Que Votre volonté soit faite », répètent ses deux mains jointes.

Si pénibles que soient ces souvenirs si intimes, on a encore une joie en les écrivant : c'est de les ressentir à nouveau : Le vide complet est plus lourd à porter : puis, ces observations peuvent être utiles à quelques âmes désireuses de la grande communion familiale entre vivants et morts, passés et restés ; — dans la progression de l'humanité nous nous devons tous en exemple les uns aux autres.

Après la perte de la parole, de la tonicité musculaire, une constante et progresssive diminution de tout son être avec des chutes presque mortelles et des reprises étonnantes, comme si le fil de la vie se renouait en elle, un profond sommeil précurseur a fait suite à l'agitation des trois dernières nuits. A midi, elle dort paisiblement, mais le pouls s'effile, devient intermittent, s'arrête, lâche à une heure. La fin est proche... A deux heures, ses yeux tremblottent; elle pousse trois soupirs, et *c'est fini* : l'âme s'est libérée, le 15 octobre, à deux heures, à l'heure du passage, un mardi, en 1907.

A deux h. 1/4, 20 minutes après sa mort, je prends deux clichés de longue pose — 40 minutes — Tandis que je suis son âme, on l'habille pour la dernière fois ; Mme Julie, qui l'a si bien soignée, « arrange Madame ».

Chapelle ardente.

Nadine repose, à la lueur des cierges, dans les fleurs, sous les roses, entourée de bruyères, sa petite vierge dans les doigts. Elle sourit de son fier profil, si calme que tout le monde la croit endormie. Sa physionomie s'est refaite après les consolations données à son âme. Cette impression m'était si vive qu'avant de sortir et en rentrant, je l'embrassais comme si elle reposait de son vivant ; durant les deux jours d'exposition.

Sur son lit, je place, à son côté, le cliché de Dédé étendu sur son lit de mort à Lourdes : On peut ainsi photographier ensemble la mère et l'enfant dans la mort.

Réellement, tout n'est pas fini après le trépas. Il flotte dans l'air chargé de parfums un calme, une pureté, une présence subtile : Nous nous habituons à vivre dans cette sérénité de la morte, qui ne s'altère pas et dont j'ai pu prendre les épreuves curieuses des trois souffles, du lien et de la boule mentale.

La nuit, la substance fluidique de sa boule s'accuse ; elle vient se placer à ma gauche, auprès de mon cœur, et se tient ainsi près de moi. Je puis la voir, dans la glace de ma chambre, par réflexion légère, irisée. André vient à sa place choisie, sur mon front gauche. De cœur, d'esprit, nous sommes réunis, et je suis ainsi soutenu, réconforté, quoique brisé. Tout cela est si doux, si bon, que je plains qui n'a pas ressenti la paix, le calme de l'âme libérée de la chair dans cette mort, ce repos après la bataille, ce bonheur après la douleur, mort qui n'a rien d'infernal. Si nos corps sont séparés, nos âmes se touchent. Dans ces rapports c'est l'Esprit qui vivifie, la chair ne sert de rien : *Caro non prodest quidquam*, a dit le Christ. « Mes paroles sont Esprit et Vie ».

Mais la pauvre petite morte a peur de la mise en bière. Elle craint que ce qui reste de sa sensibilité n'impressionne sa mémoire; elle télépathise : « J'ai peur de me voir disparaître et de me rappeler. » Nous communiquons, bien que le corps soit mort, l'âme vit.

Dans le cercueil, avant qu'on ne voile ses yeux d'un mouchoir, je l'embrasse. « Regarde moi, appelle à toi toute ma sensibilité » : J'ordonne: « Dindin, viens » ; je l'entraîne magnétiquement; c'est un nuage qui me suit. Quand je me retourne, le mouchoir est sur ses yeux. Le drap l'enveloppe toute de ses replis tordus ; *elle peut disparaître ;* son corps de charmes, cette chair si aimée n'a plus d'attractive sympathie. J'ai repris tout mon bien ; la terre aura seulement le reste...

Cinq jours après, Nadine télépathise : « Je suis libérée, en rénovation purgatorielle, en effort de sanctification. » Mais elle n'est pas rénovée comme son fils qui l'aide *desuper semper*, d'en haut toujours.

J'avais tant désiré que la messe fût dite à Saint-Roch, à la chapelle de la main curatrice : impossibilité paroissiale par rapport à Saint-Ferdinand ; question de sacristie, hélas! Tout de même, durant la dernière nuit, une main irisée est venue toucher le cercueil à la hauteur de l'épaule droite et un cierge noir éteint n'a pu se rallumer à la flamme d'or du cierge blanc. Au retour du Père-Lachaise je vais prier à N.-D.-des-Victoires où elle s'était réfugiée ; nous partons pour Le Pecq, où nous allions autrefois à la petite chapelle de la maison de retraite. Là ma sœur écrit Nadine. « Prie là, dans le calme, j'y serai : Enfin l'épreuve est terminée ; dégagée, je n'aurai plus à redouter cette mort dont le mot *seul* est un effroi : Mon chéri, maintenant sois rassuré, je suis heureuse. Tandis qu'André s'élève toujours, je reste près de toi, toujours à gauche... Au revoir, Marie, car il n'y aura plus d'adieu entre nous. »

« André est auprès de son cher papa qu'il regarde, qu'il aime, je le sens près de moi, mais pas de la même essence. Il m'a aidée et doit m'aider à le suivre dans des régions plus élevées. » Pour la première fois depuis sa mort, ma mère a pu venir et se joindre à mon père, à André, à Nadine, à l'abbé Henry pour me protéger, m'aider... Merci, petite mère!!! Merci *Henry*!!!...

La mort de Nadine n'a pas été héroïque, résolument effectuée comme celle d'André ; elle a été du moins soutenue par ceux de l'au-delà qui l'avaient attendue le 25 septembre. Mais j'étais si friable, si écrasable à cette date, qu'on eut dû mettre alors trois cercueils l'un sur l'autre au lieu des deux, le petit et le grand, que j'avais vus. Vingt jours de répit m'ont rétabli suffisamment, et son heure a sonné de nouveau.

En retour, je dois l'aider, et j'ai pu le faire en suivant les différentes phases de son état posthume, grâce à ma sœur M... medium restée en rapport avec nos parents : Moi je vois suffisamment ; Marie écrit bien, Nadine n'est donc pas perdue pour nous.

Nous sommes en plein spiritualisme religieux : LA COMMUNION DES MORTS EN FAMILLE. Nos morts : André, mon père, ma mère, Nadine, nous entourent. André me laisse son huit de force avec la trajectoire orientée de la vie dans le temps et dans l'espace. La boucle supérieure droite exprime sa vie volontaire, psychique, pieuse ; la boucle inférieure, sa vie charnelle courte, brisée, et la grande trajectoire, sa vie future, dans l'orient de la résurrection spirituelle (1).

(1) Voir cliché n° 15.

CHAPITRE VIII

CONSIDÉRATIONS PRATIQUES POUR LA MORT DOUCE. — LA MORTICULTURE

De toute cette période de phénomènes sortant de la vie terrestre courante, et empiétant sur la survie, attestés par la *psycho-télépathie posthume*, *la voyance mentale* et *les empreintes photographiques*, il y a quelques considérations pratiques à tirer relativement à la *Morticulture* et à la *Science de Survie*, à la connaissance de cette mort dont le mot seul est un effroi, mais qui appartient au phénoménisme terrestre, bicéphale, LA MORT, LA VIE, LA VIE, LA MORT, alternativement; la rénovation christique, s'effectue après purgation totale des fluides terrestres et détachement du lien inférieur, pour regrandir dans l'autre vie.

Il faut donc considérer le phénomène *avant*, *pendant* et *après* la mort.

Lorsque le médecin de la famille a dit qu'il n'y a plus rien à faire pour ici-bas, la famille a tout à faire pour le passage là-haut.

C'est alors que l'on comprend la nécessité de la longue et lente préparation à la mort; elle doit s'effectuer non pas avec effroi, mais avec douceur, foi et confiance vers la lumière PAR SA PURIFICATION ANTÉRIEURE.

La préparation consiste en une vie active. Le corps ne doit pas jouir mais être dominé, maintenu par la volonté dont il est l'instrument. La souffrance, à la fin de la vie, aide beaucoup à la séparation fatale, en opérant peu à peu le détachement, prélude de la séparation. La mort physiologique, naturellement acceptée, positivement envisagée, religieusement préparée, deviendra la mort scientifique dans un avenir prochain, quand le phénomène terrestre, la mort-vie, sera mieux connu et la nécessité de la triple purification charnelle, fluidique, mentale, réellement comprise.

Les pieux, remontés dans l'unité de la substance lumineuse, sont phénoméniquement plus près de Dieu, ils sont plus heureux que les vivants qui suivent les oscillations de la vie et de la mort alternatives dans les conflits des forces opposées.

D'où la nécessité d'opérer et d'aider, au passage, à la *libération fluidique*, après la mort, de suite après.

Le Passage.

Le passage est naturel pour l'homme simple qui suit sa destinée et qui a conscience des consécutivités du phénomène. Il est très doux, enviable pour l'âme *pure* qui se détache, fruit de l'au-delà, mûri ici-bas, qu'il faut laisser tomber au sud, dans les abimes de l'éternelle vérité, face à la Croix du Sud à la fin des Temps.

Le passage est rendu terrifiant par la crainte de la justice d'un Dieu irrité ; crainte vaine, puisque le Christ est venu tout réparer. Le péché n'est plus contre nous toujours. La purgation est possible par la souffrance. Il faut donc aider au passage, comme on aiderait à un accouchement dans un autre monde. On y contribue par des moyens physiques et moraux.

Par des moyens physiques : la ventilation, les parfums, la musique, la lumière chassant les terrifiantes visions, les effrois créés par l'imagination du mourant. Des grandes passes faites de la tête aux pieds et de droite à gauche, avec un grand éventail rond chargé de vétyver, sont singulièrement efficaces. Par des moyens moraux : l'affection tendre, le courage télépathisé, la prière commune faisant prier celui qui craque aux forces de ce monde, pour que celles de l'autre le copénètrent et le tirent en son temps, à son heure suivant son orientation.

Les amis de l'autre rive plus heureuse que celle-ci aident au passage et s'efforcent de tirer le mortel à eux. Nous, nous devons pousser l'âme « trop molle : par des prières fermes qui portent et soutiennent. »

Le double effort doit être combiné. Après la religieuse préparation, la prière aux forces providentielles de la Vierge, l'accrochage aux amitiés spirituelles, il faut *oser* aborder l'*Inéluctable*, qui nous entraîne si on ne va résolument à lui, en clamant au moment de s'élancer, les trois mots de passe : *Confiance*, *Jésus*, *Lumière* ! ils furent pour André d'un puissant secours comme force effectuant le passage.

Je souhaite à chacun de nous de les prononcer en partant, d'aborder l'au-delà en cet acte de foi réalisateur du passage libérateur de la coque des fluides terrestres.

Nadine, endormie, a poussé les trois soupirs qui ont laissé leurs douces empreintes photographiques (1) ; je lui avais tant de fois répété sa dernière leçon !

(1) Voir clichés, 13.

SURVIE. — Après la mort c'est la libération fluidique et la rénovation lumineuse. La libération des fluides terrestres après la désincarnation doit se pratiquer sur le cadavre, mais surtout sur l'âme qu'il faut garder de la coque fatale et soutenir dans son effort. *Quis sustinebit animam meam*, dit le *de profondis*, cherchant la miséricorde copieuse pour l'âme enténébrée ou alourdie de son passé mémoriel : L'absolution est efficace une demie heure après.

Pour le corps mort : chapelle ardente, cercle de feux, nuage d'encens ou d'eau bénite, pour dissiper les liens, les fluides terrestres, les formes obsédantes et expurger le cadavre (1). Le corps devrait donc rester exposé assez longtemps dans une chapelle avant d'être enterré dans une terre bénie, autour dans le périmètre protecteur d'une église, comme jadis on faisait.

A moins de décomposition, trois jours sont nécessaires pour que le corps puisse se dégager des fluides de la sensibilité charnelle. La crémation un peu douloureuse met plus vite fin au reste des forces associées durant la vie humaine ; la poussière et la cendre réunies !!...

La séparation entre les mortels principes humains

(1) Cliché 9.

et les immortels sidéraux doit être complète, radicale ; oublier la terre, le bonheur qui y rattache, « cette mémoire qui fait penser à ce que l'on devrait oublier » ; il faut regarder devant soi et ne pas s'attarder, ou les aides vous laissent ; quand l'effort personnel de transmutation est trop grand, c'est donc aux vivants à « pousser, à porter leurs morts par des prières fraîches, douces, fortes qui les touchent, les soutiennent et les portent, dit ma pauvre Dine : aide-moi, prie fais dire 6 messes à N. D.-des-Victoires. Oh oui, je ne suis pas malheureuse mais je suis molle, il faudrait me porter ? soutiens-moi. »... Je le fais... Donc les vivants doivent s'occuper des âmes de leurs morts, bien plus que de leurs cadavres, de leurs tombes fleuries, aider les trépassés avec les ancêtres de l'au-delà, amis, saints, anges, providence Virginale, suivant le degré de la substance des morts, AVANT TOUT.

Il ne faut donc pas trop s'attarder à pleurer les morts au point de les émouvoir, ne pas trop les attirer au point de les retenir mais les réconforter, les remonter, les soutenir, leur projeter un peu de force des prières télépathisées et condensées en eux, leur donner les grâces des 6 messes quotidiennes. J'ai peut-être été trop tendre et lui ai épargné les grandes leçons, les douleurs nettes, qui sont de puissants réconforts, d'énergiques stimulants dans une vie autre.

En résumé, les vivants doivent donc posséder la triple :

Science *de la vie* » *de la mort* » *de la survie*	Libérer les âmes, hors des fluides, les soutenir par des projections de prières douces, fortes, fraîches qui portent, ne pas les retenir.

Il faut surtout que tout enfant venu à cette terre, sache comment il en sortira, et possède, aussi bien que son catéchisme ou sa géographie, la science de sa constitution cosmogonique, et la nécessité de la purification pour se renover à une autre vie.

Il faut qu'il retienne la triple notion :

de mort de la chair terrestre
de libération des fluides planétaires
de rénovation sidéro-solaire
de son ascension céleste,

c'est-à-dire de la séparation radicale à effectuer entre ses principes terrestres, ses fluides vitaux, sa forme astrale, sa boule mentale, la lumière de l'esprit.

Par leurs efforts purgationnels, avec le réconfort familial propulsé, l'attirance de l'au-delà, nos morts, plus ou moins vite, se libèrent peuvent se rénover ; et la lumière éternelle brille pour eux dans la paix et la joie du Seigneur...

Qu'il en soit ainsi pour mes quatre morts, qu'ils s'entr'aident, en attendant que j'aille les rejoindre et que tous ensemble nous soyons dans la main du Christ toujours présent : Messianique, docteur, curateur, rédempteur, libérateur, rénovateur, ravisseur.

« Je suis souvent présent quand sa pieuse pensée m'appelle, je lui sers mon amour, sa mère me l'a confié et ton fils peut venir à moi : ce matin tu m'as appelé, et m'as reconnu. Ainsi, mon nom, tu le prononces sans le savoir en demandant ma lumière. »

CHAPITRE IX

A tous mes amis qui ont eu la triste impression de ma double séparation effectuée coup sur coup, et ont su trouver au fond de leur cœur la chaude parole de sympathie, je redis à nouveau merci du fond de l'âme.

Après l'avoir demandé pour le fils, je demande pour la mère ce qu'elle-même m'a réclamé : une vive prière, fraîche, douce, forte, qui la remonte.

Qu'en fermant le livre, cette pieuse pensée vienne, en une courte prière, sur les lèvres de chaque lecteur... POUR MES MORTS.

André, le 25 août 1907.

Nadine, le 15 octobre.

Henry, le bon abbé, le 30 octobre. Le parrain d'André qui nous avait communiés à Argelès et à Lourdes.

Mon père re té en constant rapport avec eux.

Ma mère, qui a pu réapparaître et que je n'avais jamais revue depuis.

Mme Aubert, revenue pour assister sa fille.

(Jusqu'à Mme Laborde, morte en septembre.)

D'Argelès, je reste seul.

Le phénomème lui-même s'éteint... peu à peu.

La vie de la chair et la vie de l'Esprit dissociées tendent à reprendre leur cours sur leur rive respective.

A mes morts passés sur l'autre rive de douceur et de paix, je cris : *au revoir, dans la Survie.*

A tous restés sur la rive sanglante je répète l'enseignement du Seigneur :

Mon royaume n'est pas de ce monde : La chair ne sert de rien: Je suis la résurrection et la vie : Je suis la lumière du monde toujours méconnue de l'infernale erreur humaine qui refuse ici-bas la loi du Père Céleste, blasphème son nom, repousse son règne : N'endurcis jamais ton cœur, crois, aime, aime, entends le Verbe qui parle dans ta lumière intérieure. Suis cette voix : c'est « Moi » . . . .

Aux incrédules, ignorants des phénomènes, je rapporte la réponse d'une mienne trépassée sur la leçon des choses venue par elle-même, faite à Nadine.

« J'ai quitté la vie malheureuse.

Je suis dans la vie heureuse.

J'attends la vie bienheureuse ; aimez, priez. »

Et Henry : « Il n'y a pas de mort, mais un éveil vers la lumière qui crée tout, vers qui tout converge, tant de loin que de plus près : Lumière qui a tout fait, et qui, après leur *temps* et leur *libre progression*, rappelle à *Elle* toutes ses créatures pour leur bonheur éternel, mais dont nous n'avons encore aucune idée. »

Quant à André? « Je vois bien, loin de moi, un esprit revêtu de son enveloppe spirituelle qui brille d'une lueur éblouissante, signe de son avancement dans le plan supra-mortel, 1re étape après la mort et recommencement d'une vie du deuxième degré en élévation progressive ; son Dieu va le faire monter »...

Après avoir été en aérosome, André est en pyrosome. Après avoir été *en air*, il est *en feu* vorateur de la substance et en ascension dans une autre planète, demeure céleste. « Je suis Lumière et prière. »

Mon cœur te crie : A Dieu, toujours, mon IO chéri, et à moi souvent, paya aimé.

« Votre femme est bien près de vous et a bien de la peine à s'en séparer, malgré les appels de son fils. » Chère aimée, je vis avec toi ; nos pensées ne font qu'une. Merci, Henry, mon bon ami ; comptez sur celui que vous appeliez le Dr Optime.

Libèration, Passage, Rénovation, Lumière, Esprit.

Voilà tout LE PANCHRISTISME qui résume la biologie de l'universelle loi faite d'amour, de lumière, de transformation, de mouvements radio-actifs, d'influences créatrices dans *L'Esprit Pur : Seuls, les purs entendent le Verbe, et verront Dieu.*

CHAPITRE X

VITA MUTATUR NON TOLLITUR

Avant sa mort, Nadine avait résolu de ne pas me quitter, de *m'attendre ;* elle avait laissé André se transformer, monter dans la Lumière...

Mais un mois après, elle était revenue sur ses idées premières; à mesure qu'elle devenait plus forte, qu'elle-même subissait ce phénomène de transformation « qu'elle ignorait comme moi-même », elle devenait plus apte à en réaliser les conditions.

Son fils a pris le dessus sur elle et l'attire; elle me quitte : c'est la seconde séparation ; je me suis deux fois fait veuf; quoique la tristesse m'ait envahi, je n'ai pas enrayé son évolution. Je l'ai aidée avant, pendant, après sa mort, de tout mon cœur, de mon cerveau, de ma volonté pieuse et irréductible.

Le 24 novembre, à 9 heures 1/2, elle put écrire par la main de Germaine endormie spontanément.

Nadine arrive à mon appel comme un petit bolide qui cause un *vent* frais très manifeste, senti de tous : ma nièce s'endort sous le flux de sa Tante, de sa main trace une suite de lettres nettes qui forment des mots se suivant, inconscients au médium qui ignore tout au réveil.

« Oui, mon cher ami, je viens encore et toujours te remercier de la *grande chose* que tu as faite pour moi ; tu m'as élevée, je suis heureuse à présent quoique prête à te quitter pour monter plus près d'André...

« Les liens se brisent ; et à chacune de ces brisures, je fais un pas près de lui : je te quitte pour la lumière de mon Eternité ; tu as été celle de ma vie : Courage, ami, ne te crois pas abandonné ; nos fluides seront plus perçants de plus haut, tu nous sentiras toujours : Tu m'as montré la Voie, *la vraie Voie,* qui mène à la *vraie Vie.* Le Christ nous appelle tous ; Lui qui est l'essence de notre vie, nous rappellera un jour à lui, et nous vivrons en nous aimant toujours plus, dans l'amour de celui qui nous a tant aimés. La vie que tu as choisie sera belle de la radieuse beauté de ton But. Tu seras heureux de ton œuvre, dans ton œuvre par le bien qu'elle fera ».

« NADINE. »

« André lumineux te sourit et t'aime ».

« Dans peu de temps tu verras de grandes choses ; que la prière t'aide et te console, te donne la force qu'elle m'a donnée : Il est beau de vivre, mourir croyante c'est mieux.

« Merci. Je suis heureuse de voir les rayons de ton énergie : tu verras bientôt la réalisation de ton But.

« Courage, aimez-vous les uns les autres ; notre Christ n'est qu'amour ».

« NADINE. »

Quant à moi . . . .

En présence de cette quadruple différenciation phénoménique : 1° de moi resté en chair mes parents en double apparent ; 2° de Nadine transmuée en globe mental, sidéral, et d'André rénové en une hexagonale étoile d'un blanc nacré projetant des rayons, et versant une poussière d'or qui m'influence et m'illumine, mon existence matérielle me paraît bien précaire : mes disparus me manquent. J'ai hâte d'avoir existé dans ce monde, *où ils ne sont plus*. J'y suis triste ; pour combien de temps encore ?...

Cette extraordinaire différenciation dans nos existences respectives me troublerait profondément si je n'avais la *Foi Christique* qui me donne la Voie, la Vérité, la Vie. Mais ma tristesse monte vers eux, comme ma prière: Nadine en est toute impressionnée; elle me l'écrit et me trace la nouvelle orientation de son rapprochement dans le sens d'André, et tout à fait contraire à celui de sa première décision, lorsqu'elle voulait m'attendre ; maintenant elle a dû me quitter.

« O mon ami, comme tu mets une entrave à mon bonheur : Tu doutes, je le sens, et, je te l'assure, j'en souffre étrangement. Toi qui m'avais dégagée de toutes choses matérielles, qui les avais éloignées de moi, et m'a fait tout à fait entrer dans la lumière : Ton abattement au lieu de continuer ta tâche me fait pour ainsi dire redescendre de la région bienheureuse où j'étais arrivée... Tu me retiens par ta peine, et ta souffrance me rive à toi et m'empêche de progresser.

« Allons, sois courageux et souriant ; ton sourire me rendra si heureuse : Je t'aime tant : *Sois bon pour toi et pour moi.*

« Il le faut : André te le demanderait... Tu accomplis une œuvre capable de nous réunir tous trois, dans le bonheur, vers ce Christ que tu nous prêches toujours.

« Parle-moi mentalement : Sois confiant, Christique et Lumineux. — La Lumière et ta tendresse gaie te sauveront. »

Je lui envoie sourires et baisers, par delà les espaces télépathisés.

Durant le trouble de la deuxième séparation, j'ai voulu prendre mon orient ; j'ai fait comme le pigeon voyageur qui tourne avant de pointer dans l'espace. J'ai interrogé ma destinée, j'ai frappé à la porte de l'invisible d'une main loyale pour qu'elle me réponde de même, *spirituellement.*

Dois-je refaire ma vie de chair terrestre : me marier un jour, reconstituer un foyer ici-bas ; ou me préparer au passage pour monter *à l'Esprit ?*

Voici la réponse faite à ma demande et me traçant la Voie, après avoir formulé les conditions du passage.

Ire *Communication Spirituelle d'une Puissance exprimée par son nombre, ses chiffres, ses lettres.*

« Je suis l'Esprit des eaux, *Ange du Sud.* Je suis, j'entends, je sais, je vois, je peux : Sur l'immensité de l'abîme, je flotte en silence ; Gardien vigilant du passage, qui mène de la vie au néant, du néant où vous êtes, à la vie de Dieu : mon pouvoir veut se donner à KVT. »

« Je suis messager. »

« Malheureux — celle qui fut ta sauvegarde je l'ai

rappellée aujourd'hui (passage de Nadine, 20 novembre, 9 heures).

Parlerai-je ? ? Parle !

« Sais-tu ce qui te menace ? » Non ! — K : A : S : » (trois défauts instinctifs). « Mon contradicteur mon contrefacteur : Je suis Feu et Lumière, il est Ardeur etTénèbres. »

Ton nom ? « NIMA NINIMA : garde ton cri. » Le cri du passage (*Confiance, Jésus* Lumière). « Je suis serviteur du Dieu ».

+ 111 + 444 + 111 + 444

II° *Communication spirituelle.* (en grec)

KUM-IEL. *Lumière qui monte.* « Que la force, la puissance féminine soit ta crainte, Hippolyte : Je viens au nom du Christ le Jésus : » Comment se garder ? « Par le cercle. »

III° *Communication Spirituelle.*

« Pauvre égaré que la terre enchaîne à elle par des liens doux, mais si corrupteurs. Je vous plains et veux votre bien.

Des esprits amis qui vous entourent se sont séparés, et bientôt seront repoussés tout à fait. Vous ne priez que lorsque vous êtes misérable.

Dieu pour vous vient.

« Dieu qui d'un geste, pulvériserait le monde ne compte donc plus pour vous, Docteur : S... veut votre perte ; il réunira ses prêtresses pour votre mort morale ; fleurs de l'Inde présentant au soleil leur éclat et dont les forces perverties étouffent la lumière du cœur ; mais la garde veille. Cet amour n'est rien, l'amitié c'est tout ». L'ami des mauvaises heures.

IVe *Communication suprême.*

LE MAITRE *des Cœurs*

✝ « La force d'en Haut se donne à ceux qui la trouvent, à ceux qui d'un élan sincère savent monter, là où travaillent les puissances qui promeuvent le royaume de Dieu : *Vous savez :*

Tu ne sais pas assez, quels instincts rampants se croisent, s'enlacent dans un cœur ; quelles ténèbres fétides, ils opposent à l'amour : Aujourd'hui, compte pèse tes pensées, tu sauras ce qu'on a voulu te dire. »

Nœud brisé par la croix qui spiritualise.

(Y-a-t-il danger de mort ?) « de mort peut-être, mais la mort quand elle vient à son heure n'est pas un danger. Tu comptes trop seul, par toi-même et pour toi-même, si tu veux vraiment ce que tu veux : quel est l'homme, qui voulant bâtir une tour ne commence pas par s'asseoir et compter sa dépense.

« Chrétien nouveau, né d'hier, tu présumes de toi-même ; mais si tu veux bien te laisser conduire, *la science te viendra* : quels retours du vieil homme sur le nouveau n'est-ce pas ? Quels égoïsmes se rebellent contre l'enfantine simplicité qui donne à l'esprit sa part de royauté. »

« Longtemps, enfant, il me faudra te dire ce que tu te caches à toi-même ; mais appelle plus sincèrement le MAITRE *des cœurs* ; et laisse-le travailler en toi, pour faire en toi, et par toi, ce qu'il veut faire. »

« L'œuvre est grande, la moisson prête ; mais il y a peu d'ouvriers : Tu veux en être : *ton désir, que l'*ESPRIT *formule en toi, doit rester celui de l'*ESPRIT *et ne pas trouver l'obstacle en ce qui est toi, le toi qui* *n'est toi, que par l'éloignement de l'amour, de la Vie, de la Vérité, du Bonheur enfin..... »*

Je comprends mieux maintenant la leçon du Christ à Nicodème différentiant : ce qui *est né de la chair est chair*, ce qui *est né de l'esprit est esprit*, qui souffle ou il veut.

Je comprends mieux les deux pôles de la vie reliés par la métamorphose charnelle, et la métempsychose résurrectionnelle.

Je comprends mieux l'incarnation humaine et la résurrection Christique.

A tout homme qui pense, qu'il soit anti-Christique ab-Christique, Christique ou pan-Christique, il faut répéter la leçon du VICTORIEUX de la Chair, du VAINQUEUR de la mort, et du RESSUSCITÉ dans l'Esprit.

Seigneur, je ne suis déjà plus moi, je commence à être VÔTRE.

CHAPITRE XI

LES COMMUNICATIONS D'EN HAUT

La leçon du phénomène par lui-même prouve que la Vie est une continuité une progression d'existences de modalités différentes, par transmutation.

Vita mutatur non tollitur.

La vie est changée n'est pas ôtée : Elle monte en s'épurant comme la flamme, *des puissances de la chair* aux *splendeurs de l'Esprit* par la *résurrection.*

Le Messie Divin a affirmé être cette lumière du monde qui parle dans le fond du cœur, que l'humain ne doit pas *endurcir* : cette lumière doit nous ressusciter après la mort.....

Son Verbe en ces mots a affirmé son Être — « JE SUIS LA RÉSURRECTION ET LA VIE. » La formule est précise :

« *J'entraînerai tout après moi.* »

« Il y a plusieurs demeures dans la maison de mon Père... Mon royaume n'est pas de ce monde... la chair ne sert de rien. »

De sa demeure, Nadine télépathise « songe à moi toujours avec cette tendresse gaie, qui t'est un baume, et pour moi une consolation : je te prépare une belle place près de moi ; je vais guider tes pas et pensées vers la voie, qui nous réunira à jamais : je me rapproche d'André tout en restant près de toi... »

Parle-moi mentalement »... Elle apparaît ensuite à mon double extériorisé, qui tout heureux monte les marches de son habitation : toute blanche, rajeunie ; sa main droite me tend un verre de lait délicieux, sa main gauche largement ouverte s'offre à mes lèvres. Je suis heureux comme si elle était de ce monde : Je comprends la leçon donnée à ma santé : Les neurones de mon cerveau enregistrent son apparition fluidique, la double scène qui s'est passée entre nos deux doubles *phantasmas* ; je me souviens bien. Le 5 décembre. L'étoile m'apparaît nettement — « Mon Io chéri : c'est bien toi cette blanche étoile qui me protège de ses 6 rayons ? »

« Oui, Père, je te regarde toujours, mère aussi...
« Dieu est bon ; il me permet de te venir consoler et te guider : fais ton devoir. Sur terre je ne suis guère qu'avec ta pensée. »

« Pour ta santé ne néglige rien ; tu accomplis une œuvre à laquelle tu te dois tout entier ; soigne le corps, pour que l'Esprit soit lucide.

« Ta brochure nous a fait plaisir à mère et à moi ; et nous te l'avons conseillée ; tu nous as rendu et nous rendras toujours heureux. » petit Paya. »

O, André, toi qui es *Lumière*, *pensée* en-dessous vers nous, en-dessus prière pour Dieu ; tu montes vers les saints, dans l'Eternel... depuis ta mort, depuis 90 jours quelle superbe transformation en toi... En moi, par comparaison, je ressens plus nettement ce qui reste d'aminalisme en ma chair, d'ardeur du sang, de besoin du corps qui me tient et m'emprisonne ; quel abîme entre nous trois ! ! ! et cependant nous nous touchons *mentalement*.

Malgré les différences et les distances, je répète ton dernier mot — « aime-moi toujours beaucoup » *Mignon Radieux* : à vous deux souvent : à Dieu toujours, DANS L'AMOUR CHRISTIQUE ; avec le Maître des cœurs.

CHAPITRE XII

LES FLUIDES PERÇANTS D'EN HAUT

Je rapporte en terminant le premier fait d'aide donnée par André à un jeune homme mort en pleine santé, resté dans le trouble, dont il l'aida à sortir en 15 jours : si bien que R... put écrire par Germaine inconsciente et endormie spontanément cette pieuse communication à sa mère incrédule :

« Mère je te remercie de cet appel ; je te sentais attachée à moi, mais j'étais comme environné d'un brouillard épais, et ne savais de quel côté me rattacher à toi ; maintenant je te vois depuis que tu pries et m'appelles ; c'est comme un chemin que tu m'as ouvert. Je suis un vivant près de toi. Nos pensées, quoique invisible seront comme si j'étais présent, toujours je serai près de toi, jusqu'au jour où je pourrais te guider et t'amener à moi dans le bonheur, car je te l'assure, ta peine, ton désespoir me navrait, mais je prie, je suis heureux avec toi. »

Ton R...

Ce sont ces *fluides perçants* qui assurent notre télépathie entre André géométriquement constitué et moi ; souvent il me les a irradiés très vifs, notamment en revenant de Chartres, où paya dans son enfance avait passé deux ans à l'ombre de la cathédrale, tout près de sa Vierge Marie qui l'a repris à Lourdes.

Pendant le retour à 5 1/2 (son heure) le 15 décembre; tout à coup, l'étoile à six points brille intense dans l'espace hyperphysique : un long trait ruban blanc me touche le cœur dans un affectueux rapport... Je comprends, c'est la réponse aux larmes versées à la Vierge noire de Chartres, où nous allions ensemble les jours de sortie prier...

A me voir je vis heureux : en réalité je suis soutenu tellement par la sensitivité psychique d'André, que j'en oublie sa mort, le trépas sanglant: Merci Io! nous vivons encore ensemble de doux moments malgré la séparation fatale.

J'ai assisté à la fin de ta chair ; j'ai suivi tes transformations successives en corps *éthérique*, en *rénotion fluidique sidérale*, à *La vie nouvelle* en figure géométrique de *Lumière céleste :* GRACE ET GLOIRE A DIEU, qui console quand tu disparais...

J'ai dit ce que j'ai vu simplement, ce qui s'est passé entre un père et un fils toujours en télépathie, avant comme après la mort, grâce à ces *fluides perçants d'en haut*. DESUPER SEMPER.

Après mon fils, j'interroge mon Père qui depuis 10 ans est resté en rapport télépathique par la projection psychique de son image aussi nette qu'une photographie, sur laquelle je puis suivre l'expressif jeu de sa physionomie.

« Mon cher Enfant : je sais bien tes pensées, c'est pour cela que je me manifeste à toi.

« Suis encore cette voie de sacrifice et de dévouement : c'est la Vraie Voie que tout homme intelligent et libre doit choisir. — Sois pieux : tu l'es, toi ; moi, je ne l'étais pas : cela m'a manqué.

« Longtemps, ici, j'en ai souffert :

« *Remercie beaucoup de croire et de savoir...*

« Je te protégerai autant qu'il me sera possible de le faire.

« Ton fils a passé près de moi, et s'est élevé ; sois-en fier, *tu en as fait une Lumière.*

« Adieu, cher enfant, je te bénis.

« Ton Père, A. P. BARADUC ».

C'est la même voie de dévouement scientifique et religieuse qui m'est indiquée.

Je la suivrai.

CHAPITRE XIII

MORT. OMBRE. PASSAGE. LUMIÈRE. ÉLÉVATION

Pour la fin de cette terrible année 07, ma sœur et moi avons résolu de passer la revue de nos morts en famille, pour juger de leurs états respectifs, les aider, les aimer mieux : nous les appelons tous : où sont-ils, dans l'ombre ? ont-ils passé dans la Lumière, puis, pu réaliser leur élévation céleste ? à Nancy Marie, Paul et moi avec Germaine endormie, inconsciente, nous appelons.

ANDRÉ, De l'affirmation d'Henry, de Nadine, de mon Père et de ma constante observation André a fait son élévation céleste en revêtant la figuration géométrique de la libération : L'étoile a six côtés de 60°, cette étoile blanche nacrée qui m'influence de ses rubans lumineux.

Lui seul s'est *élevé* sur les 6 parents morts : il projette d'en haut ses liens psychiques et me ressens.

NADINE répond : « Je suis encore une boule moins brillante qu'André, beaucoup moins; je ne m'élèverai que lorsque tu seras parfaitement en sûreté et dans la tranquillité d'esprit qui t'est absolument nécessaire : je viendrai te voir dans quelques heures »... comme jadis pour le 1er janvier elle est venue en forme astrale. Elle est passée le 9 novembre, au dire du gardien du Seuil, dont les chiffres indiquent les fonctions.

NADINE est dans la lumière une boule mentale susceptible de prendre une forme image expression de sa pensée, mais elle n'est pas élevée ; elle a un guide christique qui lui fera rejoindre son fils ; son cœur est toujours aimant, le mien aussi ; elle peut monter :

MA MÈRE est juste au-dessus du passage, dans une douce lumière jaunâtre en buste ; où elle y attend mon père situé au-dessous du passage, en forme des pieds à la tête.

Elle est passée; elle est avec de bons esprits, mais n'a pas fait son élévation ; elle peut communiquer par un canal spécial.

MON PÈRE n'est pas passé : il est assis attend calme ; et se rajeunit par la prière : il est dans l'ombre qui s'éclaircit beaucoup au-dessous du seuil, près de lui. La manifestation par l'image-pensée lui est facile : il me fait la communication précédente, et me bénit.

HENRY a quitté l'ombre épaisse ; moins sombre il est dans un crépuscule clair à droite et en haut, sombre à gauche et en bas : il est bien mieux et m'écrit : « Vous avez prié, merci », lui aussi a vu son élève comme grand-père *Une Lumière.*

AUGUSTE. Mon beau frère n'a pas répondu de suite : il est lui-même en famille auprès de son fils qu'il influence et dont il a fait un soldat modèle, un charmant garçon : il est venu vers nous ; ses yeux s'ouvrent peu à peu et s'étonnent.

En présence de ces faits et de bien d'autres, ma conscience logiquement me force à admettre *La Survie* et des étapes dans la Vie de l'au-delà.

Entre voyants et morts il y a la communion des âmes qui se produit en raison de leur propre valeur : 1° par médiumnité, 2° télépathie, 3° projection d'images pensées, 4° voyance, 5° volonté influençante dont la puissance de souffle est si pénétrante, si subtile sur l'âme, le double, 6° enfin la prière qui touche porte et remonte l'âme du vivant et du mort.

AIMER les morts, en être aimé : voilà la formule pratique, efficace, pieuse qui franchit l'abime créé par l'opacité de nos sens, et la peur bête que la masse a des morts. La télépathie par-dessus l'abîme peut relier les âmes entre elles, qu'elles soient ou non dans une chair qui ne sert de rien pour nos expériences, car elle est morte d'un côté et endormie de l'autre (expér. Germaine).

Quant à leur forme ou figuration, nous les voyons ; et nous voyons non sans satisfaction que l'apparition le double, la tête nimbée d'éther, la boule d'azur, l'étoile d'or dans tous les cultes religieux, rites initiatiques tant antiques que modernes, sont les expressions classiques des modes de la Survie correspondants à des plans cosmogoniques : L'ombre, le passage, la Lumière sidérale, l'Élévation céleste.

Les temples, églises, musées, pierres sacrées, jusqu'aux lampes des premiers chrétiens figurent la boule et l'étoile à 6 côtés, comme la forme de libération pour l'âme céleste. La Science cosmogonique et la Religion trouvent un point de contact, une base commune dans le Culte des morts la MORTICULTURE SPIRITUALISTE.....

Que fait-on ? on oublie trop vite les morts en général. On a peur de leurs âmes ; et on se contente de fleurir leurs cadavres.

Que doit-on faire ? de sentiments, de volonté, de prières s'unir avec eux : relier ainsi les deux rives de la Vie par-dessus l'abîme du mystère que la Mort ne doit plus être.

La vie est changée, pas ôtée ; elle passe des ténèbres à la Lumière, *où il faut rester.*

Que l'ange gardien à mon passage reconnaisse mon cri de passe : *Confiance ; Jésus, LUMIÈRE ;* qu'il serve ainsi de trait d'union entre les *Vivants* et les *Survivants ; car il n'y a pas de MORT, mais, il y a Survie et* RÉNOVATION.

Dr H^te^ BARADUC.

TABLE DES MATIÈRES

—

Saint-Amand (Cher). — Imprimerie BUSSIÈRE.

LES CLICHÉS

DE

MES MORTS

Photographie avec objectif

Grand et petit papa ne faisaient qu'une âme, d'où leur télépathie vivante et posthume.

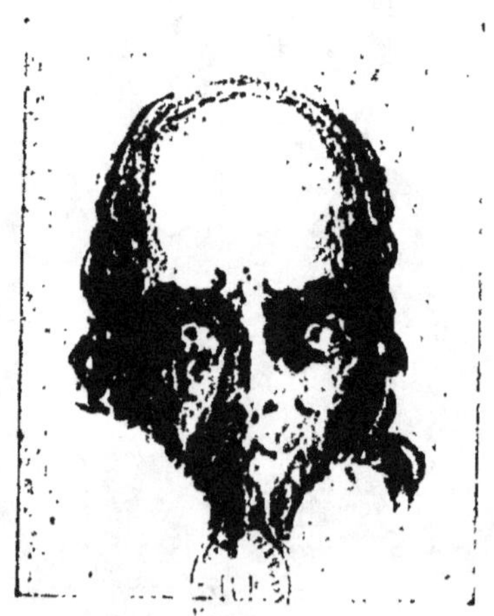

Psycho-télépathie, dessin

Le bon docteur d'Argelès aux grands yeux bleus.

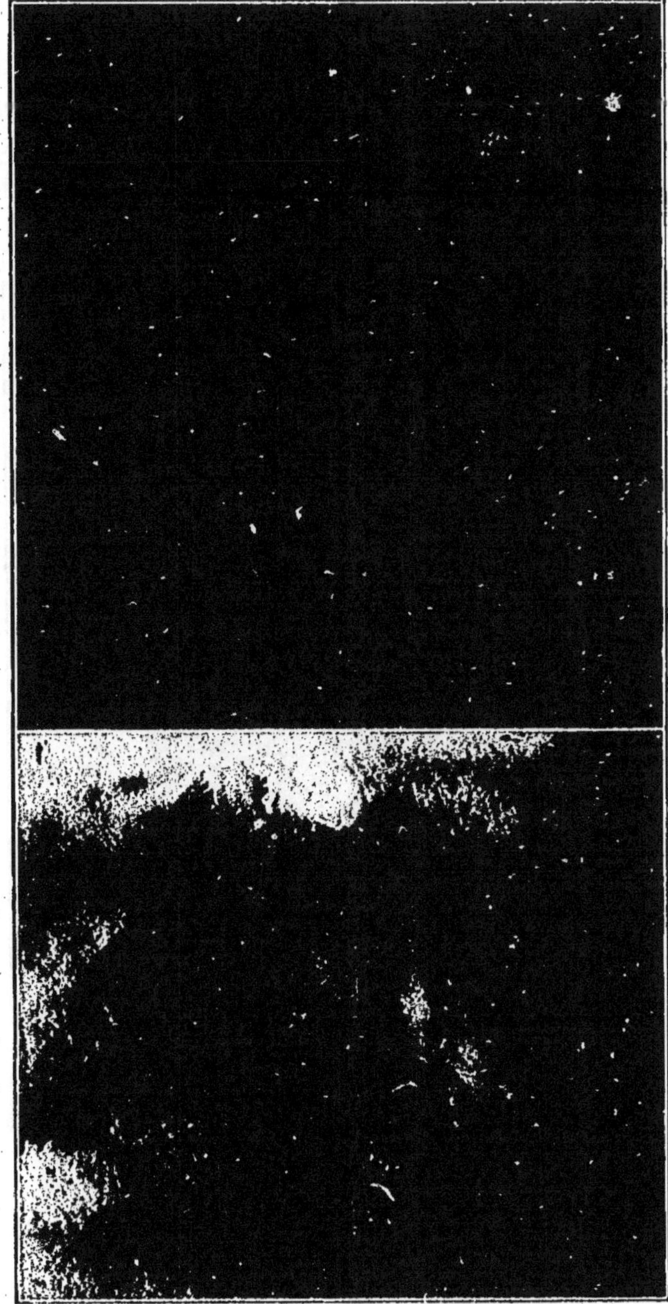

Photographie sans objectif (Vitrosé)

Empreintes radiophotographiques spontanées, sans objectif, obtenues sur une pellicule cachée. La main curative du bon docteur mise sur le foyer hémorrhagique, sur le poumon. — *Argelès 1907.*

Photographie sans objectif (vitrose)

Empreinte sur pellicule cachée du trait de force du Saint-Sacrement.
Grandeur exacte de l'hostie comme diamètre.
Ruban de miracle que je n'ai pas obtenu pour André rappelé.

Lourdes 1906.

Photo Kodak

Photographie d'André
à la procession
avant l'objurgation.

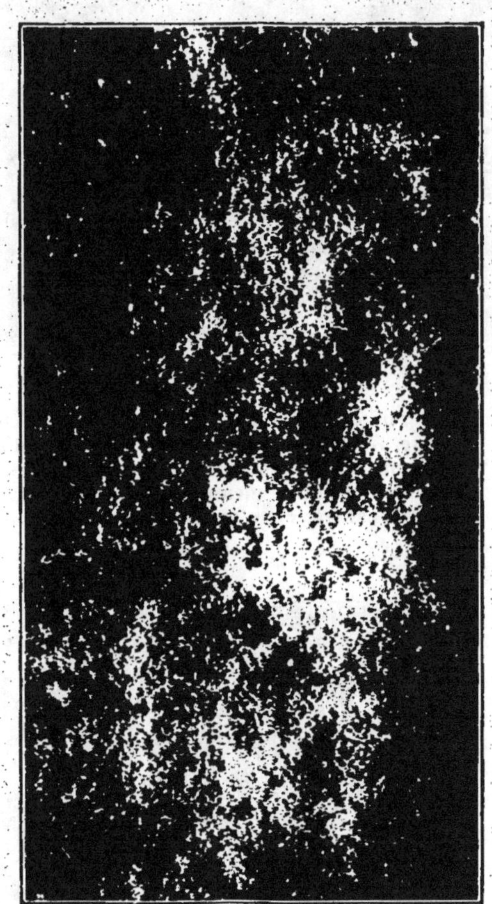

Photographie sans objectif

Empreinte sur une pellicule cachée de l'impression produite par mon objurgation au Saint Sacrement de guérir mon fils ; mon âme vibrante fait vibrer la vitrose que je porte sur le cœur. Je n'obtiens pas pour André le ruban du miracle. *Lourdes 1907.*

†

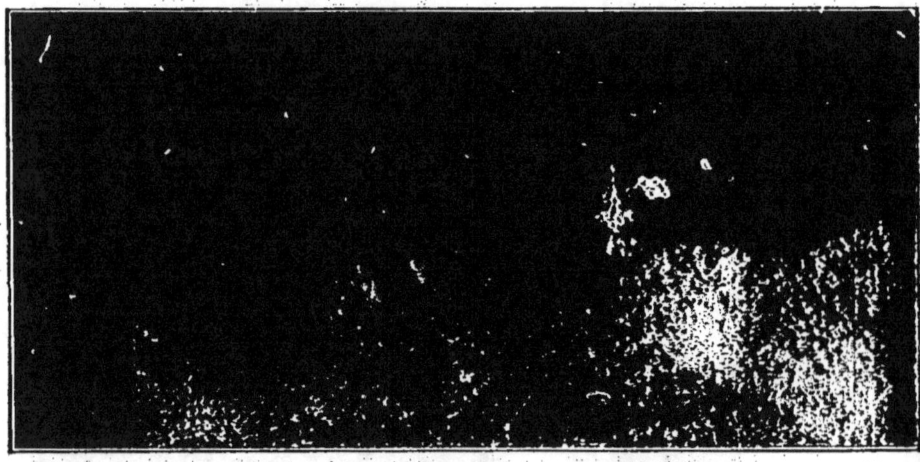

Photographie avec objectif

Photographie prise à Lourdes, de la chambre d'André. Vue sur la basilique. Au-dessus, manifestation mentale d'André, apparaissant 9 heures après sa mort, à 6 heures du soir, par un lumineux coucher de soleil, dans un ciel pur. La manifestation mentale est positive; d'où la nécessité d'invertir le cliché, où elle est très nette sur la pellicule du Kodak.

Photographie avec objectif

Figure d'André endormi dans la paix du Seigneur (6 heures après sa mort).

Dessin

Deuxième apparition psycho télépathique d'André, en Aérosome, heureux d'être libéré.

« Je suis en air » (20 heures après)

Lourdes, gare.

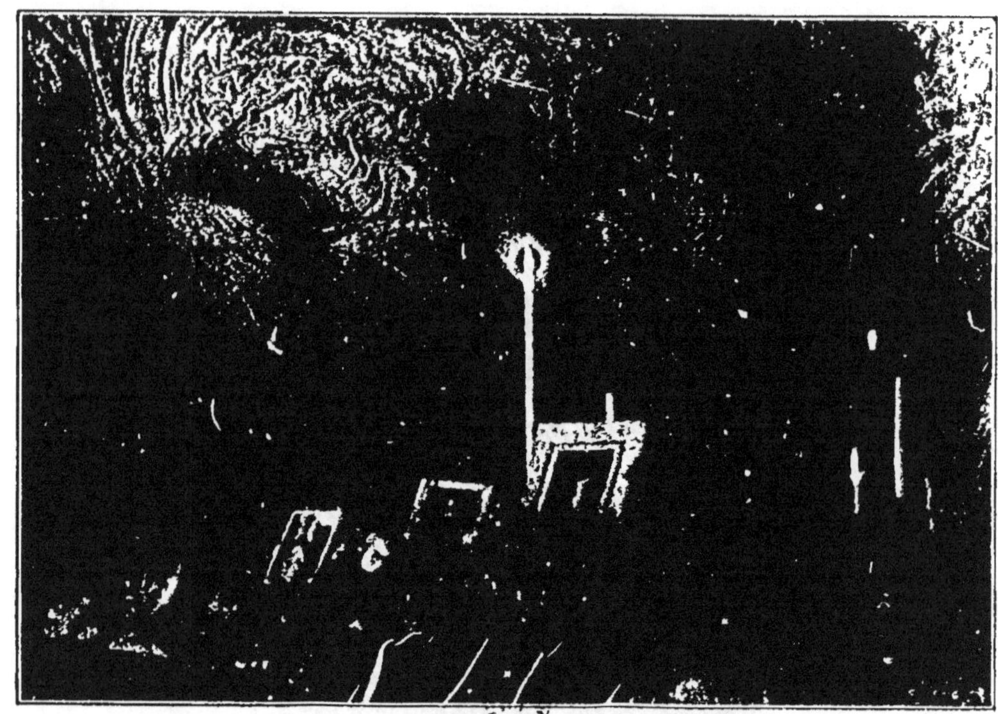

Photographie avec objectif 80 heures après, c'est à dire trois jours passés

Dégagement des fluides du corps commençant sa décomposition organique.

1° A droite du cercueil, double irradiant sa force partant de la photographie d'André sur son lit de mort.

Au niveau de l'épaule, flux de liens allant jusqu'à la tête, à la photo du du Christ.

2° Vortex en boucles, crochets au-dessus de la tête

3° A gauche élémenthaux de vie, serpentins dont l'un projette son profil sur le carton de la photographie du Christ, les forces vives de chair morte se sont projetées sur la chair vivante des assistants qui ont éprouvé le choc au front, à la nuque, aux reins, à l'épigastre avec malaise, fatigues, vertiges.

Psycho-télépathie, dessin.

André rénové, recueilli, revenu à l'âge de sa première communion.

Vision psycho-télépathique

André rénové est conduit par une main mystique devant *l'Ostensoir céleste :* Durant sa vie, à la procession de Lourdes, j'avais objurgué le Saint-Sacrement de le guérir ; durant son sommeil, Il était venu à lui : le 22 Septembre 1907, 5 heures, Vingt-six jours six heures après sa mort, il est entré dans la lumière du *Christ-Hoske.*

(Dessiné par moi).

Trois dessins psycho-télépathiques

Boule mentale contenant son étoile, vue à la messe de communion, à Lourdes, quelques jours avant la mort.

Une des manifestations d'André : étoile blanche nacrée avec irradiations mauves claires violet. Vue le soir de la Saint-André, à 6 heures, la Haute-Ville (Seine et Oise), où je ne pensais qu'à la chasse. J'avais oublié que c'était sa fête.

J'ai remarqué que les irradiations changent de couleurs suivant la nature et l'orientation, la signification dans nos rapports fluido-télépathiques.

Ce sont eux qui m'ont consolé, soutenu, influencé d'en haut au grand étonnement de mes amis.

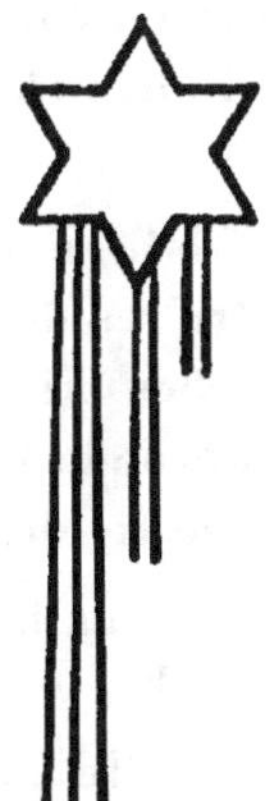

Étoile blanche nacrée à projections psychiques rubanées blanches orientées vers moi seul sur cette terre. Retour dans le danger ; intensivement manifestée en revenant de Chartres, décembre 1907. — En 1908, André se manifeste et me protège : il est devenu mon étoile pour ainsi dire dans ce monde, dont il s'éloigne par période de temps de plusieurs jours.

Mort de NADINE

Le 15 OCTOBRE. — A 11 heures, je console Nadine qui ne parle plus. Elle me répond en me montrant, de son bras tendu, le tableau du Christ sauvant la barque de la tempête et les trois mots de passage inscrits pour elle : *Confiance, Jésus, Lumière*.

A 2 h. 1/4, dernier souffle.

A 2 h. 1/2, première photographie (Kodak).

30 minutes de pose : Les trois verbes expirés fluidiquement sortent de son cœur si puissant, aimant, spasmodique, souffrant. Lien encerclant un globe : tête à la bouche, extrémité à l'Est.

A 3 heures, seconde photographie (Kodak) : Boule mentale voilant la tête et le cœur et se développant à droite. Lien en 8 fermé en haut, ouvert en bas, se prolongeant à gauche.

A 6 heures du soir, 3 h. 1/2 après sa mort, dessin de la psycho-télépathie de sa boule constituée. Je la sépare par l'air et le feu du lien qui la retient et la transporte dans ma chambre. Elle est libérée du lien charnel. « Es-tu heureuse ». « Oh ! oui !! ».

La nuit, elle revient irisée se fondre en moi, cerveau et cœur gauche, et me montre ses doigts avec sa bague, dont les pierres bleues et blanches brillent. Je comprends, et lui remets au doigt les couleurs de la Vierge de Lourdes, qu'elle tient dans sa main devenue rigide.

La nuit suivante, je me sens influencé ; elle m'intranse, « le front et le cœur à gauche, toujours à gauche ».

Elle quitte Paris et se retire au Pecq, où je la retrouve pour les six messes, dans la paix, la solitude : « Où tu puisses un peu être à moi seule », en pensée ; pour la Toussaint, nous y pourrons ensemble, mentalement, communier avec l'Hostie-Christ.

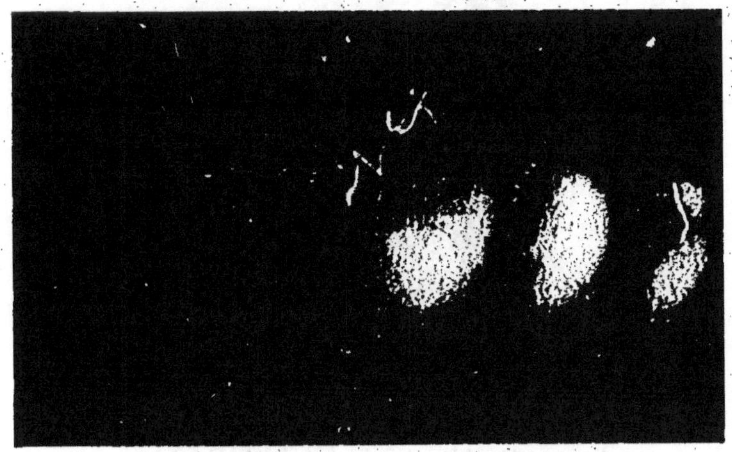

1° Photo Kodak (20 minutes après décès)

Les trois expirs fluidiques et le lien serpentin.

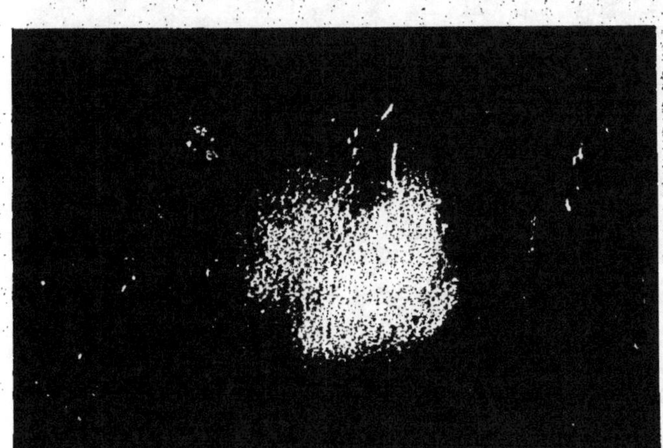

2° Photo Kodak (une petite heure après décès)

Formation de la boule mentale voilant la face. Le lien en 8 de force, fermé en haut, ouvert en bas, se prolongeant à gauche.

Psycho-télépathie 3 h. 1/2 après décès (dessin).
Ablation de la boule à l'emprise du lien qui s'inserre entre les yeux, au siège de la personnalité psychique : lien brisé et resoudé.

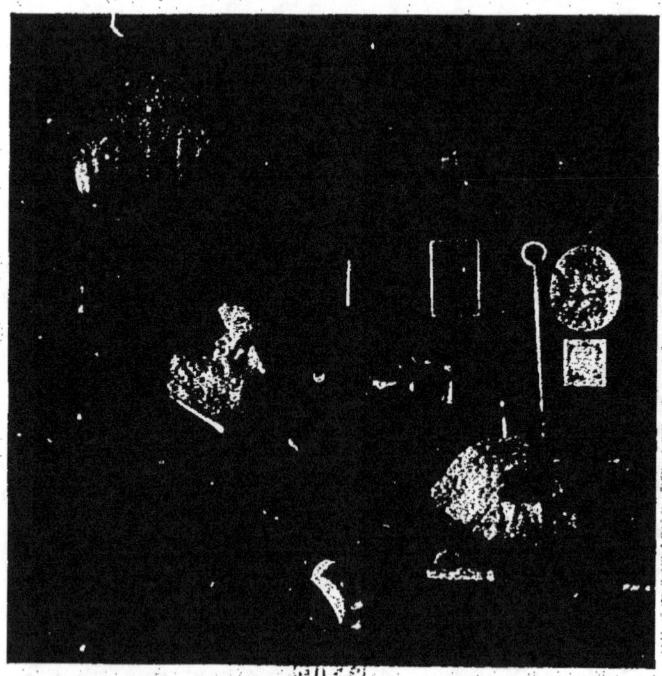

Photographie avec objectif et pose, dans mon cabinet, le jour de la Pentecôte, où je demande que la force reste toujours sur moi *desuper semper*. Flux sur le bras, boule sur la tête, flux sur mon Christ formant un large ruban de force de droite à gauche; la boule irisée se reflète dans la glace, comme je l'ai vu pour celle de Nadine.

Facyure d'Androgyne.
Synthèse d'âmes sœurs. Forme sidérale rose et blonde (dessin).
Avec nimbe frangé autour du front.

(Dessin télépathique)

Boule de Nadine en translation, venant vers moi, à mon appel vibrant; elle arrive comme un petit bolide condensé déplaçant un vent frais senti de nous tous; je le vois arriver sur la main de Germaine qui sent le phénomène en s'endormant; elle écrit : « je suis encore une boule moins brillante qu'André, beaucoup moins ».

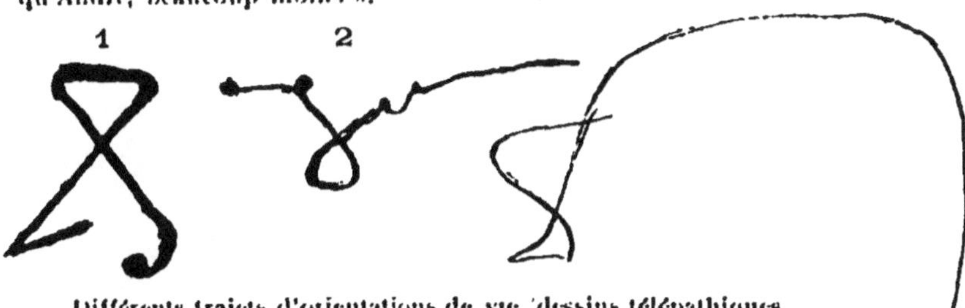

Différents trajets d'orientations de vie (dessins télépathiques demandés) :

1° Huit de force de Nadine en attente et en aide.

2° En rapprochement vers André qui comme un astre suit sa courbe, en sens inverse de la première orientation.

3° Courbe d'André en étoile géométrique à six pointes.

www.ingramcontent.com/pod-product-compliance
Lightning Source LLC
LaVergne TN
LVHW020351230826
846091LV00003B/1063